조선 시대
궁궐 사람들의 숨은 이야기

대일출판사

조선 시대
궁궐 사람들의 숨은 이야기

글 이광렬 그림 노희성

펴낸날 2016년 3월 20일

펴낸이 오동섭
펴낸곳 ㈜대일출판사
주소 서울특별시 종로구 종로 6가 1-11. 대일빌딩
전화 766-2331~3
팩스 745-7883
등록 제1- 87호 (1972.10.16)
홈페이지 www.daeilbook.com
편집 · 디자인 정글북
ⓒ2011. 대일출판사. Design 정글북 ⓒ2011
ISBN 978-89 - 7795 - 548-3 73900

이 책에 실린 글, 그림은 저작권자의 동의 없이 무단전재나 복제를 할 수 없습니다.
잘못 만들어진 책은 구입하신 서점에서 바꿔 드립니다.

대일 출판사는 아이와 같은 순수함으로 좋은 책을 만듭니다.
해맑은 아이의 웃음을 책에 담습니다.

조선 시대
궁궐 사람들의 숨은 이야기

글 **이광렬** 그림 **노희성**

머리말

　조선을 세운 태조 때부터 한일합방이 되기까지 조선왕조 오백 년 동안 구중궁궐 깊은 곳에서는 크고 작은 사건들이 일어났습니다. 하지만 백성들은 그저 짐작만 할 뿐, 궁궐 생활은 거의 비밀에 붙여져 소문으로만 전해 졌습니다.

　이처럼 옛날 궁궐 생활의 궁금증을 사료나 실록에 있는 것 중에서 흥미롭고 재미있는 것들을 간추려서 정리하였습니다.

　특히 왕이나 왕비 및 궁궐 속의 사건들을 흥미 있게 다루어, 그동안 접해 보지 못했던 역사의 또 다른 이야기를 통해 옛날 조선 시대 궁궐 사람들은 어떻게 살았는지 알아볼 수 있는 좋은 기회가 될 것입니다.

　역사는 옛 사람들의 삶을 비쳐 주는 거울이자, 당시의 생활 모습을 느낄 수 있게 해 주는 귀중한 자료입니다.

　인재를 키워야 하는 이 시대에 우리 어린이들이 먼저 우리의 역사를 알고 이해할 때, 비로소 세계를 이끌어 갈 수 있습니다.

    또한 역사의 인물을 평가하고 조명하는 일이야말로 앞으로 우리들이 나아갈 방향이 되는 것입니다.

    끝으로 이 책을 통해 조선 시대 궁궐 속 사람들의 생활을 이해하는 데 도움이 되기를 바라며, 우리 문화와 역사를 세계에 알릴 수 있기를 바랍니다.

엮은이 씀

차례

왕의 생활에 관한 이야기

왕이 살던 집, 궁궐	10
궁궐 건물에도 서열이 있다.	22
궁궐을 지키는 신들	26
왕의 후계자, 세자는 어떻게 되는 것일까?	32
왕은 여가 생활을 어떻게 했을까?	38
왕의 가정생활은 어떠했을까?	42
얼짱왕은 누구?	45
공처가형 왕은 누구?	50
왕이 죽으면 어떻게 할까?	54
왕의 일정은 어떠했을까?	60
왕의 식사는 어떠했을까?	65
왕은 왜 온천을 자주 찾았을까?	71
왕의 비자금은 어떻게 쓰였을까?	78
왕은 화장실 사용을 어떻게 했을까?	84

왕비와 세자빈에 관한 이야기

원자가 탄생하면 어떤 일들이 일어나는가?	90

대비는 얼마나 많은 권한을 가지고 있었을까? … 95
왕비는 어떻게 뽑혔을까? …………………………… 98
왕비가 임신을 하면 무엇을 먹었을까? ………… 102
현모양처형 왕비는 누구? ………………………… 109

궁녀와 내시에 관한 이야기

궁녀들은 어떤 일을 했을까? …………………… 118
궁녀들은 월급을 얼마나 받았을까? …………… 124
궁녀들은 어떤 지위를 가지고 있었을까? ……… 132
궁녀도 결혼할 수 있었을까? …………………… 140
궁녀와 당고개에 얽힌 사연 ……………………… 145
어떤 사람이 내시가 될까? ……………………… 150
내시 제도는 언제 생겨났을까? ………………… 154
막강한 권력을 가졌던 내시 ……………………… 158
목숨을 바쳐 왕을 모셨던 내시 ………………… 161

조선왕조 가계도 ………………………………… 166

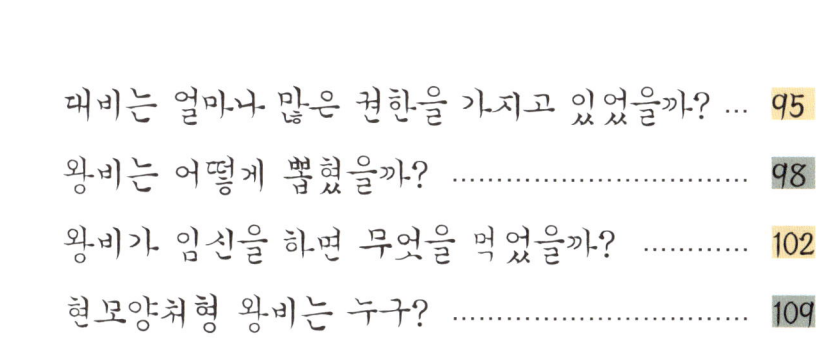

왕의 생활에 관한 이야기

조선 시대 **궁궐 사람들의 숨은 이야기** · 왕의 생활에 관한 *이야기*

왕이 살던 집, 궁궐

궁궐이란 고대국가에서부터 근세 군주국가에 이르기까지 국가의 통치자인 왕이 집무 및 생활을 하던 곳과 이에 딸려 있는 건물을 이르는 말입니다.

왕이 나랏일을 보던 곳인 '궁(宮)'과 문 쪽에 있었던 망루인 '궐(闕)'을 합쳐서 궁궐이라 부릅니다.

궁궐에는 법궁과 이궁이 있는데 법궁은 왕이 머무르는 궁궐들 가운데서 으뜸이 되는 궁궐을 말합니다. 그러나 법궁에 화재가 나거나 뜻하지 않은 변고가 생겼을 때, 또는 국왕의 판단에 따라 옮겨가서 일정 기간 머물 수 있는 또 다른 궁궐이 필요했습니다. 바로 그러한 궁궐이 '이궁'입니다.

이궁이 법궁보다 격이 한 단계 낮기는 하지만, 규모 면에서는 법궁에 뒤지지 않는 궁궐이었습니다.

또, 왕이 대궐을 나와 임시로 거처하는 곳을 행궁(行宮)이라고 합니다. 예를 들어 왕이 온천욕을 위해 온양

남한산성 행궁 병자호란 때 인조 임금이 이곳으로 피난하여 임시 궁궐로 사용했다.

에 잠시 머물러 사용했던 처소는 온양 행궁이 되는 거지요. 그리고 국방상의 중요 지역에도 행궁을 두었습니다.

이것은 왕은 나라의 주인이고, 왕이 머무르는 곳을 궁궐이라고 히기 때문이있습니다.

조선 시대의 궁궐은 왕조 오백년을 비롯하여 일제시대를 거치면서 몇 차례의 고초를 겪었습니다.

조선 시대에 지어진 궁궐 중에서 지금은 경복궁·창덕궁·창경궁·덕수궁 등이 남아 있습니다.

경복궁 근정전 근정전은 조선의 법궁인 경복궁의 정전이다. 왕의 즉위식이나 세자 책봉, 왕실의 혼례 등 나라의 큰 행사를 치르고 중국의 사신을 맞이하던 곳이다. 국보 제233호

경복궁은 조선의 태조가 한양에 도읍을 정하면서 지은 조선왕조의 정궁입니다.

경복궁은 중국에서 고대부터 지켜 오던 도성(都城) 건물 배치의 기본 형식을 지킨 궁궐로서, 궁의 왼쪽에는 역대 왕들과 왕비의 신위를 모신 종묘가 있으며, 오른쪽에는 토지와 곡식의 신에게 제사를 지내는 사직단이 자리잡고 있습니다.

건물들의 배치는 국가의 큰 행사를 치르거나 왕이 신하들의 조례를 받는 근정전과 왕이 일반 집무를 보는 사정전을 비롯한 정전과 편전 등이 앞부분에 있으며, 뒷부분에는 왕과 왕비의 거처인 침전과 휴식 공간인 후원이 자리잡고 있습니다.

그러나 조선 2대 왕인 정종이 다시 개성으로 돌아가면서, 경복궁은 역사적 기록인 사기를 보관하는 사고나 군량미를 비축하던 창고로 사용되기도 했습니다.

태종 때 다시 환도하여 정궁으로 이용하였으며, 명종 8년(1553)에 강녕전에서 불이 나 근정전 북쪽의 전각이 소실되었으나 이듬해 복구되었고, 또 임진왜란으로

경복궁 근정전 내부 임금이 앉는 어좌, 일월오봉도 병풍, 보개, 가구 등이 배치되어 있다.

아미산 경회루 연못을 만들 때 파낸 흙으로 만든 화원. 굴뚝이 특이하고 아름답다. 보물 제811호

경회루 임금님과 신하들이 모여 연회를 베풀거나 외국 사신을 접대하던 곳이다.

대부분의 건물이 불에 타 없어진 것을 고종 때 흥선대원군에 의하여 대규모로 다시 세워졌습니다.

대원군은 이 공사 비용을 마련하기 위해 관료들과 부자들은 물론, 백성들에게까지 많은 세금을 부과하였으며 원납전이라는 새로운 화폐를 주조하여, 결과적으로 통화 증발을 야기하는 등 경제의 혼란을 초래하기도 하였습니다.

이렇게 해서 1868년에 완성된 경복궁은 궁 안팎을 합쳐 전각이 수천 칸에 달하는 규모가 되었습니다.

고종은 그 해 창덕궁에서 이곳으로 왕궁을 옮겨왔으나, 고종 32년(1895) 명성황후가 이곳에서 일본인들에 의해 시해당하고, 그 후 고종이 경운궁(현재의 덕수궁)으로 옮겨 가면서 왕궁으로서의 역할은 끝나게 됩니다.

1910년 한일합방 후에는 일제에 의해 경복궁 내에 있는 200여 동의 전각이 거의 다 파괴되고 경회루(慶會樓)와 근정전(勤政殿) 등 10여 동만 남게 되었습니다. 그러나 경복궁에는 아미산과 향원정 등의 전형적인 궁중 후원을 비롯해 근정전, 경회루 등의 웅장한 건축물들이 있어서 오백년 역사를 자랑하는 조선왕조 정궁으로서의 면모를 간직하고 있습니다.

경복궁은 1990년부터 지금까지 계속 복원 정비사업 중이며, 지금까지 강녕전, 교태전, 자선당, 흥례문, 근정전이 보수, 복원되었습니다.

창덕궁은 태종 5년(1405)에 경복궁의 이궁으로 지어졌습니다. 임진왜란 때 소실된 것을 선조 40년(1607)에 중건하기 시작하여 광해군 5년(1613)에 공사가 끝났습니다.

그러나 1623년 인조반정 때 인정전을 제외한 대부분의 전각이 소실되었고 인조 25년(1647)에 복구되어, 임진왜란 때 파괴된 경복궁을 대신하여 조선 말기까지 약 300년간 정궁의 구실을 하였습니다.

창덕궁은 경복궁의 동쪽에 있다 하여 〈동관대궐〉 또는 〈동궐〉이라 하였습니다.

창덕궁에는 가장 오래된 궁궐 정문인 돈화문, 신하들의 하례식이나 외국 사신의

창덕궁 인정전 창덕궁의 중심 건물로 당시에는 외국 사신을 접견하는 장소로 사용되었다. 임진왜란으로 경복궁이 불탄 후에 오랫동안 왕의 즉위식이나 궁중의 큰 행사를 이곳에서 치렀다.

창덕궁 주합루 2층 누각으로, 1층은 규장각 서고이었고, 2층은 열람실처럼 쓰였다.

창덕궁 연경당 일반 선비들의 집을 본떠 만든 것으로, 왕은 궁 밖의 생활을 알기 위해 가끔 이곳에서 생활하였다.

　접견 장소로 쓰이던 인정전, 국가의 정사를 논하던 선정전 등이 있으며, 왕과 왕후 및 왕가 일족이 거처하는 희정당, 대조전 등의 침전 공간 외에 연회, 산책, 학문을 할 수 있는 매우 넓은 공간이 후원으로 조성되었습니다.

　왕들의 휴식처로 사용되던 후원을 금원(禁苑) 또는 비원(秘苑) 이라고 하였는데, 300년이 넘은 거목과 연못, 정자 등이 자연과 조화를 이루도록 함으로써 우리나라의 건축, 조경의 역사를 이해하는 데 귀중한 자료를 제공합니다.

　창덕궁에 대한 기록은 조선왕조실록, 궁궐지, 창덕궁조영의궤, 동궐도 등의 역사책에 기록되어 있으며 특히, 1830년경에 그린 동궐도(국보 제249호)는 창덕궁의 건물 배치와 건물 형태를 그림으로 전하고 있습니다.

　창덕궁은 사적 제122호로 지정되었고, 궁내 중요 문화재로 돈화문(보물 제383호), 인정문(보물 제813호), 인정전(국보 제225호), 대조전(보물 제816호), 구선원전(보물 제817호), 선정전(보물 제814호), 희정당(보물 제815호), 향나무(천연기념물 제194호), 다래나무(천연기념물 제251호)등이 있으며, 창덕궁은 1997년 12월

덕수궁 중화전 덕수궁의 정전으로 나라의 중요한 행사를 하던 곳이다. 앞뜰에는 다른 궁궐과 같이 품계석이 있다.

덕수궁 석조전 1909년 지어진 서양식 건물이며, 고종이 외국 사신을 접견하던 곳이다.

유네스코에서 지정한 세계문화유산으로 등록되어 보호 관리되고 있습니다.

덕수궁은 원래 조선 제9대 성종의 형님인 월산대군의 사저였는데 임진왜란의 피난길에서 돌아온 선조가 왜란으로 왕궁이 불타 없어지자 이곳에서 정사를 보면서 행궁으로 사용하기 시작하였습니다.

이어 광해군이 즉위한 후 이곳을 경운궁이라 하였으며, 7년 동안 사용하다가 창덕궁이 중건되어 창덕궁으로 옮긴 뒤, 인목대비의 거처가 되었습니다. 광해군은 계모(繼母)인 인목대비(仁穆大妃)를 경운궁에 유폐(幽閉)하고 대비의 칭호를 폐지하였으며, 경운궁을 서궁(西宮)이라 칭했습니다.

인조반정으로 광해군이 폐위되고 인조가 이곳 즉조당에서 즉위하여 창덕궁으로 옮긴 이후 270년 동안 별궁으로 사용되었습니다.

고종 34년(1897) 고종(高宗)이 러시아 공사관에서 이곳으로 거처를 옮기면서 비로소 궁궐의 면모를 갖추게 되는데, 1907년 순종(純宗) 즉위 후 고종은 궁호를 경운궁에서 덕수궁으로 바꾸었습니다. 1910년 궁내에 서양식으로 세워진 석조전은 광복 후, 미·소공동위원회가 열렸으며, 47년 국제연합 한국위원회가 들어오게 되어 새로운 역사의 현장이 되었습니다.

덕수궁은 19세기 말부터 궁내에 지어진 서양식 건물로 인해 고유한 건축 구성에 많은 변화가 생겼고, 석조전의 남쪽에 서양식 연못을 만들면서 궁의 본래 모습이 많이 파괴되었습니다. 덕수궁은 조선 시대의 궁궐이기는 하지만, 전통 목조 건축과 서양식 건축이 함께 남아 있는 곳으로 궁궐 가운데 특이한 위치를 차지하고 있으며, 창덕궁이나 경복궁의 규모에 미치지는 못하지만 파란만장하였던 구한말 역사의 현장으로서 시사하는 점이 많은 궁궐이라고 할 수 있습니다.

창경궁은 성종이 당시의 세 왕후(세조, 덕종, 예종의 비)의 거처를 위해 지은 궁입니다. 창경궁은 창덕궁과 담장 하나를 사이에 두고 붙어 있으면서 궁궐 역할과 동시에 창덕궁에서 미처 다 수용할 수 없는 왕실 가족과 그에 딸린 인원을 수용하는 역할도 했습니다. 창건 당시의 전각은 임진왜란 때 모두 소실되고 광해군, 인조, 순조 때 다시 재건되어 오늘날까지 그 일부가 전해지고 있습니다. 특히 창경궁의 명정전은 임진왜란 이후에 다시 지은 건물이지만, 조선 전기 건축양식의 특징

창경궁 통명전 창경궁은 조선 성종 때 지어졌으나, 임진왜란 때 불에 타 없어졌고, 지금의 건물은 광해군과 인조, 순조 때 다시 지은 것이다.

경희궁 숭정전 경희궁은 조선 후기의 이궁이었으며, 숭정전에서 국왕이 신하들과 조회를 하거나 연회, 사신 접견 등의 행사가 행해졌던 곳이다.

을 잘 계승하고 있는 건물입니다.

그러나 일제강점기에 내전 건물의 바닥은 모두 마루로 바뀌어 전시 공간으로 활용됐으며, 동물원과 식물원 등이 설치되어 일반인에게 놀이터로 개방되었습니다. 1980년대 중반 이곳에 있던 동식물이 서울대공원으로 이전되면서, 공원으로 격하되었던 이곳이 창경궁이라는 이름은 되찾았으나 일부 전각들만 복원되었을 뿐 옛 모습은 거의 잃어버렸습니다.

서울에 있던 다섯 궁궐 가운데 가장 크게 망가진 궁궐은 경희궁입니다.

경희궁은 원래 조선 태조 이성계의 집이 있어 새문안대궐 또는 경복궁의 서쪽에 있다 해서 서궐이라 불렸습니다. 그 후 왕족의 사저로 사용되다가 광해군이 새문안대궐 자리에 왕기(王氣)가 있다는 소문이 있어 이를 눌러 없애기 위해 이 자리에 별궁을 짓고 경덕궁이라 칭하였으나 영조 때 경희궁으로 이름이 바뀌었습니다.

경희궁은 건축적으로나 예술적으로 그 아름다움이 뛰어났던 궁으로, 고종이 덕수궁과 이어지는 구름다리를 만들 정도로 규모도 상당했습니다. 그러나 1900년대 초 일본인들에 의해 통감부 중학교가 세워지면서 궁궐의 모습이 완전히 사라질 정도로 훼손되어, 정확한 궁궐의 배치는 '궁궐지'의 기록에서 찾아볼 수밖에 없습니다. 지금은 경희궁지에 대한 발굴을 거쳐 숭정전, 자정전 등 정전 지역을 복원하여 시민에게 공개하고 있습니다.

그 밖의 궁궐

인경궁

광해군은 창덕궁과 창경궁 외에 또 다른 궁을 짓고자 했는데 이것이 경덕궁(경희궁)과 인경궁입니다.

그러나 경덕궁 공사에 비중을 더 두어 인경궁은 소규모로 축소되어 진행하게 됩니다. 경덕궁 공사가 끝나고 인경궁 공사가 본격적으로 진행 되었지만 인조반정에 의해 광해군이 물러나자 인경궁은 완성되지 못한채 공사는 중단되고 맙니다.

그 후 정묘호란(1627년)과 병자호란(1636년)으로 파괴된 창덕궁의 수리를 위해 인경궁을 헐어내어 공사를 했습니다.

이로 인해 인경궁은 흔적도 없이 사라지고 이름만이 남아 있을 뿐입니다.

운현궁

　이곳은 흥선 대원군의 사저인데 고종이 즉위한 후, 운현궁으로 불리게 되었습니다.

　그 후, 궁궐에 견줄 만큼 크고 웅장하게 증축 공사를 하였고, 고종과 명성황후의 가례가 이곳에서 치뤄졌습니다.

　창덕궁과의 왕래가 쉽도록 경근문(임금님 전용)과 공근문(대원군 전용)이 왕실 예산으로 지어졌습니다.

　이곳에서 대원군은 서원 철폐, 경복궁 중건, 세제 개혁 등 많은 사업을 추진하였으며, 임오군란 때 이곳에서 청나라로 납치되기도 했습니다.

　지금은 사랑채(노안당)와 안채(이로당, 노락당)만 남아 있으며 정원은 비교적 잘 보존되고 있습니다.

운현궁 이로당 안채의 기능을 담당하고 있어 바깥 남자들이 쉽게 들어오지 못하도록 미음(ㅁ)자 구조로 되어있다.

운현궁 노안당 흥선대원군이 거처한 곳으로 고종 즉위 후 개혁 정책이 논의 되었던 역사적인 장소이다.

조선 시대 궁궐 사람들의 숨은 이야기 왕의 생활에 관한 이야기

궁궐에 있는 건물들에도 서열이 있다?

조선 시대 궁궐에 있는 각 건물 이름에는 조선의 통치 이념과 사상이 반영되어 있습니다. 나라가 부흥해서 백성은 태평성대를 누리고 서로가 학문을 소중히 여기고 장려해서 왕실의 안녕을 꾀한다는 내용이 담겨 있는 것입니다.

그런데 각 건물들의 이름 끝 자에는 그 건물의 지위가 나타나 있습니다. 이것은 건물을 사용하는 사람의 신분과 중요도에 맞추어 건물의 이름 끝 자를 붙여서 각 건물의 서열을 구분하는 것입니다. 각 건물 이름 끝 자의 서열은 '전당합각재헌누정(殿堂閤閣齋軒樓亭)' 순으로 구분할 수 있답니다.

건물 이름 끝 자에 전(殿)이 붙으면 궁궐 건물들 중에서 서열이 가장 높은 건물이라는 뜻입니다. 전은 왕과 왕비와 대비가 사용하던 건물인데 다른

경복궁 사정전 왕이 평상시에 거처하는 곳이다.　**창덕궁 낙선재** 헌종이 그의 후궁 김씨를 위해 지었다.

건물들에 비해 규모가 크고 장식의 격도 가장 높습니다. 궁궐의 여러 건물 중 으뜸 건물인 정전을 포함해 편전, 정침, 중궁전, 대비전 등에 대부분 전을 붙였습니다.

각 궁궐에 있는 전들을 살펴보면, 경복궁에는 강령전, 교태전, 근정전, 사정전, 자경전 등이 있습니다. 창덕궁에는 대조전, 선정전, 인정전 등이 있습니다. 창경궁에는 명정전, 문정전, 통명전 등이 있고, 경희궁에는 숭정전 등이 있습니다. 그리고 덕수궁이라 불리는 경운궁에는 덕홍전, 중화전, 함령전 등이 있습니다.

당(堂)은 세자가 사용하던 동궁에 붙였습니다. 자선당, 중희당 등이 그것인데, 당의 규모와 장식의 격은 전에 비해 크게 떨어지지는 않지만 서열은 한 단계 아래입니다. 왕과 왕비, 대비가 당을 사용하기도 했습니다. 이때 당은 전에 비해 사생활 기능이 더 강했습니다. 또한 왕의 후궁이나 왕자들이 사용하는 건물도 당이었습니다. 각 궁궐에 있는 당들을 살펴보면, 경복궁에는 자선당 등이 있습니다. 창덕궁에는 중희당, 희정당 등이 있고, 창경궁에는 숭문당, 양화당 등이 있습니다.

합(閤)과 각(閣)은 전이나 당의 부속 건물에 붙였습니다. 합과 각은 서열이 비슷하지만 당보다 아래입니다. 경복궁 자경전 동북쪽에 있는 재수합이 어떤 문헌에는 재수각이라 기록되어 있답니다.

재(齋)와 헌(軒)은 주로 왕족들의 휴식이나 거주 공간 혹은 관료들이 업무를 보던 건물에 붙였습니다. 헌에는 대부분 대청마루가 붙어 있고, 공적 기능을 가진 건물입니다. 이에 비해 재는 일상적 주거용 외에도 독서용이나 휴식용 기능을 가진 건물도 많이 있습니다.

누(樓)는 경회루처럼 건물 바닥이 땅에서 사람 한 길 높이 이상 떨어져 마루로 지은 2층 건물의 위층에 붙입니다. 간혹 건물의 한쪽에 누마루 형태로 구성되기도 합니다. 기록을 보면, 창덕궁 후원 의두각의 동쪽 누마루를 영춘루라고 했습니다. 누를 붙인 건물은 주로 휴식용이나 연회용으로 사용되었습니다. 누와 각이 합해져서 누각이라고 하듯 2층 건물의 아래층 이름 끝 자에 누를 붙이고 위층 이름 끝 자에는 각을 붙였습니다. 각 궁궐에 있는 각들과 누들을 살펴보면, 주합루의 아래층이 규장각이고, 창덕궁 대조전 뒤에 있던 옛 경훈각의 위층은 징광루였답니다.

건물 이름 끝 자에 정(亭)이 붙으면 휴식이나 연회를 목적으로 지은 정자 형태의 작은 집이라는 뜻입니다. 이런 건물은 개울 주변이나 연못, 경치가 좋은 숲 속에 많습니다. 각 궁궐에 있는 정들을 살펴보면, 경복궁에 향원정과 창덕궁 후원에 부용정 등 여러 정자들이 있답니다.

향원정 경복궁 후원에 있는 육각형의 정자. 취향교라는 구름다리가 있어 아름다운 정원을 이루고 있다.

용마루

　용마루(龍마루)는 지붕마루라고도 하는데, 지붕 가운데 부분에 있는 가장 높은 수평 마루입니다. 한식 가옥에서 중심을 이루며 서까래의 받침이 되는 부분이랍니다.

　경복궁에 있는 건물 중, 왕이 머무는 건물은 근정전과 강녕전이고 왕비가 머무는 건물은 교태전입니다. 이 건물들 중에서 왕이 신하들과 조회를 하거나 나랏일을 의논하던 정전인 근정전에는 용마루가 있습니다. 그런데 왕이 잠을 자는 침전인 강녕전과 왕비가 잠을 자는 침전인 교태전에는 용마루가 없습니다.

　강령전과 교태전에 용마루가 없는 것은 정전인 근정전의 품격을 두 건물보다 위에 두어 두 건물의 용마루를 없애서 왕의 위엄을 돋보이게 한 것입니다. 다시 말해서 한 나라에 왕은 하나이듯 궁궐 안에도 용이 하나이어야 하기 때문입니다. 용은 왕을 상징하기 때문이랍니다.

근정전

교태전

조선시대 **궁궐 사람들의 숨은 이야기** / 왕의 생활에 관한 **이야기**

궁궐을 지키는 신들

경복궁의 수호신 근정전은 경복궁의 정전입니다. 정전이란 왕이 나와서 신하들과 조회를 하던 궁전을 말합니다. 근정전은 정면 5칸, 측면 5칸인 다포계 팔작지붕의 중층 건물로 현존하는 한국 최대의 목조 건축물입니다. 1395년(태조 4년)에 경복궁을 세우면서 정도전이 '부지런한 왕의 자세가 모든 정치의 으뜸'이라는 뜻으로 '근정전'이라고 이름을 지어올렸습니다. 임진왜란 때 불탔던 것을 1867년(고종 4년)에 다시 지었고, 현재 국보 제223호로 지정되어 있습니다.

근정전은 조선 시대 궁궐의 법전 중 유일하게 상월대와 하월대에 난간을 두르고 여러 가지 조각물들로 장식해 놓았습니다. 이것은 근정전의 격식을 통해 경복궁이 왕이 사는 정궁으로서

궁궐은 내가 지킨다.

나도.

의 위상을 잘 보여주고 있는 것입니다.

근정전 상월대의 난간에는 방위신인 사방신(四方神)을 동서남북에 조각해 놓았습니다. 또한 상월대와 하월대의 난간 곳곳에는 십이지신(十二支神)과 길한 일과 복을 갖다 주는 짐승들을 조각해 놓아서 근정전을 화려하게 장식했습니다. 그리고 임진왜란 불타기 전에는 지붕에 용 문양으로 장식된 청자기와를 올려서 푸른 유리 지붕처럼 아름다웠다고 합니다.

근정전 내부에는 일월오봉병(日月五烽屛)으로 둘러쳐진 왕이 앉는 의자인 어좌(御座)가 높은 대에 올려져 있습니다. 넓은 내부는 칸으로 막히지 않고 하나로 통해 천장이 높습니다. 천장 중앙에는 나무로 조각한 용 두 마리가 달려 있는데 발톱이 각각 7개랍니다.

사신도

사신도는 상상의 짐승인 청룡과 백호, 주작, 현무를 그린 것입니다. 이 그림들은 천상의 모습과 음양오행사상이 반영된 것입니다. 이 짐승들은 동, 서, 남, 북의 방위신들인데 옛사람들은 우주를 다스리는 제왕과 그를 보좌하는 4방위의 신이 있

청룡(강서 대묘 벽화)

백호(강서 대묘 벽화)

 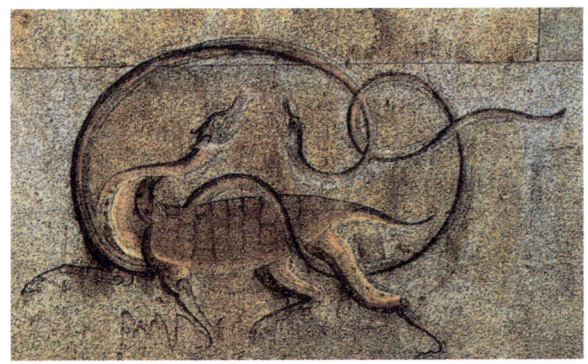

주작(강서 중묘 벽화)　　　　　　　　　　현무(강서 대묘 벽화)

다고 생각했던 것입니다. 또한 짐승의 기질과 색채 표현을 4계절에 맞추어 배정해 관장케 했습니다.

　이런 그림은 6~7세기 고구려 벽화에 많이 등장하는데 강서 고분의 사신도가 가장 세련되게 표현되어 있습니다.

　청룡(靑龍) : 동쪽을 지킨다고 믿는 상상의 짐승으로, 봄을 관장합니다. 중국 전한의 회남왕 유안이 지은 책 《회남자》의 〈천문훈〉에는 천신은 태세보다도 더 존귀한 것은 없다고 했습니다. 또 말 잘 타는 사람을 청룡이라고 했답니다. 그래서 연호나 기, 강, 다리, 산, 칼 등의 이름과 말의 머리에 붙여 쓰기도 했습니다. 그 모습은 푸른색을 띤 용으로 만주 퉁거우에 있는 광개토대왕의 고분 벽의 사신도에서도 볼 수 있습니다.

　백호(白虎) : 서쪽을 지킨다고 믿는 짐승으로, 가을을 관장합니다. 예로부터 우리 조상들은 털이 하얀 백호가 나타나면 복되고 길한 일이 생긴다고 좋아했습니다. 《시경》에는 백호가 의로운 짐승으로 기록되어 있는데, 《인원비광경》에는 나쁜 신으로 기록되어 있습니다. 백호를 그린 백호기는 중국에서 천자가 움직일 때 사용했습니다.

주작(朱雀): 남쪽을 지킨다고 믿는 상상의 짐승으로, 여름을 관장합니다. 그 모습은 시대마다 약간의 변화는 있지만 현실과 상상의 짐승이 복합된 붉은 봉황의 모습으로 묘사되며, 무덤과 널의 앞쪽에 그렸습니다.

현무(玄武): 북쪽을 지킨다고 믿는 상상의 짐승으로, 겨울을 관장합니다. 현무의 모양과 그 이름에 대해서 중국 초나라의 역사책인 《초사(楚辭)》 중 《원유》의 〈보주〉에는 "현무는 거북과 뱀이 모인 것을 이른다. 북방에 위치하고 있으므로 현이라 이르고, 몸에 비늘과 두꺼운 껍질이 있으므로 무라고 한다"라고 적혀 있습니다.

옛날에는 무덤 속에 이런 그림을 그렸는데, 평남 용강군에 있는 고구려 고분 쌍영총의 널방에서도 이런 벽화가 발견되었습니다.

해태(해치)

해치는 잘한 것과 잘못한 것을 가리고 선하고 악한 것을 판단해 안다고 하는 상상의 짐승으로, 해태의 원말입니다.

해치의 모습은 사자와 비슷하지만 머리 가운데에 뿔이 있답니다. 중국 문헌 《이물지》에는 "동북 변방에 있는 짐승이다. 성품이 충직해서 사람이 싸우는 것을 보면 바르지 못한 사람을 뿔로 들이 받는다"라고 적혀 있습니다. 그래서 조선에서는 대사헌의 흉배에 꾸며지기도 했고, 재앙이나 화재를 물리치는 신비한 짐승이라 생각해서 궁궐 등에 장식되기도 했습니다.

해태 경복궁 광화문 앞.

기린

기린

기린(騏麟)은 고대 중국의 전설에 나오는 상상의 영수(靈獸)입니다. 영수란 가장 신기하고 영묘한 짐승이란 뜻이랍니다.

기(騏)는 수컷, 인(麟)은 암컷이다. '인'에 대해 기록은 《시경》과 《춘추》에도 있어 먼 옛날부터 전해진 것이라고 볼 수 있습니다. 그런데 중국 전한 말기에 경방이 지은 《역전》에는 "'인'은 몸이 사슴 같고 꼬리는 소 같은데 발굽과 갈기는 말 같다. 그리고 그 빛깔은 5색이다"라고 적혀 있습니다. 후대에 내려오면서 여기에다 그 공상적 요소가 더해져서 봉황처럼 기린이 나타나면 세상에 어진 임금이 나올 길한 징조라고 생각했습니다. '인'의 이마에는 뿔이 하나 있는데, 그 끝에 살이 붙어 있어 다른 짐승을 해치지 않는다고 했습니다. 그래서 옛사람들은 기린을 인수(仁獸)라고 했습니다. 예로부터 기린이 온갖 짐승의 우두머리라 해서 걸출한 인물에 비유되었고, 뛰어난 젊은이를 '기린아(麒麟兒)'라고 했습니다. 또한 말과 비슷해서 좋은 말에 비유되고, 말마(馬)변을 붙여 기린(騏)으로 쓰기도 한답니다.

잡상(雜像犬)

잡상은 악귀를 쫓는다는 의미로 만든 장식용 기와입니다. 잡상은 주술적 의미를 지니므로 홀수로 구성됩니다. 잡상의 형태는 마지막 형상은 세지 않답니다.

중국에서 잡상은 황제가 있는 건물은 11개, 태자가 있는 건물은 9개, 기타 건물은 7개 이하로 구성됩니다.

그러나 경복궁 경회루의 잡상은 11개, 자선당의 잡상은 9개, 근정전은 잡상 7개로 구성되어 있습니다. 경회루의 잡상이 근정전의 잡상보다 많은 것은 다른 이유가 아니라 기와 지붕의 크기에 따른 것이랍니다. 지붕의 내림마루 크기로만 보면 경회루가 근정전보다 더 크기 때문에 더 많은 잡상이 있어야 건축 균형미가 살기 때문이랍니다.

경복궁 근정전 지붕 위의 잡상

조선 시대 **궁궐 사람들의 숨은 이야기**　　왕의 생활에 관한 *이야기*

왕의 후계자 세자는 어떻게 되는 것일까?

왕의 아들은 태어날 때는 이름을 갖지 않고 다만 왕의 맏아들로서 원자가 될 뿐입니다.

원자는 자라면서 '휘'라는 왕의 정식 이름을 갖게 되는데, 일반 백성들은 왕의 이름을 함부로 부를 수 없었습니다. 잘못하여 왕의 이름을 글로 쓰게 되면 큰벌을 받았습니다.

이처럼 왕의 이름은 쉽게 쓸 수 있거나 부를 수가 없어서 조선 시대 사람들은 역대 왕의 이름을 모두 외우고 있어야 했습니다. 그렇게 해야 상소문, 과거 시험 등 문장을 쓰거나 만들 때, 왕의 이름에 사용된 글자를 피할 수 있기 때문입니다.

그래서 왕의 이름은 잘 사용하지 않는 아주 특이한 글자나 새로 글자를 만들어 썼습니다. 이름 다음으로 쓰는 것이 '호'인데, 호는 자신이 스스로 짓거나 스승이 지어주는 간단한 별명 같은 것입니다.

왕의 아들이 자라 후계자가 되기 위한 세자 책봉 의식은 무척 엄숙하게 이루어졌

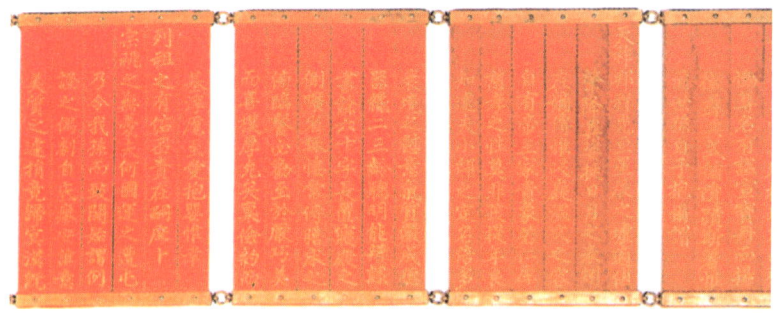 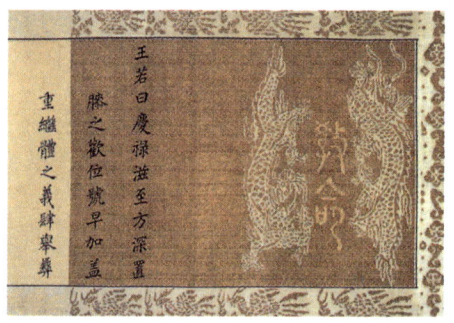

소의세손 죽책문 영조가 소의세손에게 내린 죽책문의 일부분.   교명 소의세손 책봉교명 앞 부분.

습니다. 이 의식은 궁궐의 가장 중심이 되며, 왕이 나랏일을 보는 근정전에서 행해졌습니다. 신하와 왕의 친척들은 지위나 서열에 따라 한 줄로 늘어섰습니다.

이때, 문신은 근정전의 동쪽에 무신은 서쪽에 한 줄로 늘어서게 됩니다.

만조백관이 보는 앞에서 왕은 세자에게 대나무로 만든 죽책문이라는 임명장과 당부하고 싶은 여러 가지 훈계의 내용을 적은 교명문, 세자를 상징하는 도장 세자인을 전해줍니다.

세자가 책봉식을 행할 때 왕과 세자는 각각 신성한 예복으로 '구장복'과 '칠장복'이라는 예복을 입습니다. 구장복과 칠장복은 왕과 세자가 종묘나 사직에 제사를 올리거나 혼례를 치를 때에만 입는 특별한 옷입니다.

왕이 입는 구장복은 옷에 들어가는 아홉 가지 형체의 모양을 말하는데, 이것은 왕을 상징하는 것들입니다.

즉 상의에 다섯 가지 형체의 모양과 하의에 네 개가 합해져, 아홉 가지 형체의 모양이 되는 것입니다.

들어가는 무늬로는 용, 산, 꿩, 불꽃무늬, 호랑이와 원숭이 모양 등 입니다. 이것은 왕을 상징하면서도 왕이 갖춰야 할 덕성을 의미하기도 합니다.

구장문과 구장복 조선 시대 임금의 대례복. 구장문이 수놓아 졌고 왕위에 오를 때 등의 의식에 입었다.

　상의는 양을 상징하기 때문에 양수인 홀수 문양을 새겨 넣으며, 바탕 색깔도 하늘을 상징하는 검은색입니다. 하의에 들어가는 무늬는 수초, 쌀, 도끼, 활이 서로 등을 대고 있는 형태로, 이것들도 왕을 상징하는 동시에 왕의 덕성을 나타냅니다. 하의는 음을 상징하므로 짝수 문양을 쓰며, 바탕은 땅을 나타내는 황색이 됩니다.

　세자는 그 중에서 용과 산의 무늬가 빠진 상의를 입음으로써 왕과 차별을 갖게 됩니다.

　조선 시대 왕의 혼례는 대체로 세자로 있을 때 이루어졌으며, 연령은 열 살 전후입니다. 혼례를 치른 세자는 차차 성장하면서 정부인인 세자빈 외에 공식적으로 여러 부인을 거느릴 수 있었습니다.

　세자의 다른 부인들은 종2품의 양제, 종3품의 양원, 종4품의 승휘, 종5품의 소훈 네 종류가 있었습니다.

이와 같은 예를 갖춰 세자가 되면 공식적으로 정치에 관여한 경우가 여러 번 있었습니다.

보통 왕이 중병에 들어 나랏일을 보살필 수 없거나, 너무 늙어서 업무를 감당할 수 없을 때, 또는 나라가 큰일을 당하게 되었을 때, 왕은 세자에게 권한을 위임하여 나라를 다스리게 하였습니다.

세자가 대리청정을 하는 경우는 대체로 왕권에 위협을 느낀 왕이 마지못해 대리청정을 명하는 경우가 있고, 계속 흉년이 들거나 전쟁이 발발하면 흉흉한 민심을 달래기 위해 세자가 대리청정을 하는 수가 있습니다.

한글을 만든 세종은 죽기 얼마 전부터 세자 문종에게 대리청정을 시켰습니다.

그리고 임진왜란이 발생했을 때, 선조는 민심을 추스르기 위해서 세자인 광해군에게 업무를 보도록 한 적이 있습니다.

조선 시대에 왕 위의 왕인 상왕이 존재할 때는 나라가 극도로 혼란할 때였습니다. 조선 초기 태종인 이방원에 의해 일어난 2차에 걸친 왕자의 난이 원인이 되어 태조와 정종이 상왕으로 추대되기도 했었고, 단종은 수양대군에게, 고종은 일제에 의해 상왕으로 추대되었습니다.

이들은 예외 없이 자신의 왕권을 지키지 못하고 다른 사람에 의해 상왕이 되었습니다.

다만 예외적으로 태종은 자신이 죽기 4년 전에 자발적으로 세종에게 왕위를 물려주고 스스로 상왕으로 물러나기도 하였습니다.

상왕이 존재하면 가장 힘든 사람들은 신하들이었는데, 어느 왕의 말을 들어야 할지 판단하기 어려웠기 때문입니다.

세자가 되지 못한 왕의 아들

 보통 왕이 되지 못한 왕의 아들들은 궁궐에 머물다 혼례 후에는 궁 밖에서 생활을 했습니다.

 왕족들이 정사에 참여하게 되면서 여러 가지 폐단이 있었기때문에 조선 초기 이후에는 대군이나 군의 칭호를 받았을 뿐 벼슬에는 나갈 수가 없었습니다.

 생활은 넉넉하고 풍족했으나 그들의 삶은 그다지 행복하지 못했습니다. 그들의 의지와 상관없이 역모에 연루될 가능성이 높아 불안안 상태에서 생활을 했답니다.

 역모에 이름만 올라도 처형되거나 귀양 보내졌거든요.

 그래서 대부분의 왕자들은 풍류를 즐기며 정치에 무관심한 태도를 보였습니다.

권세가 다 무어냐. 풍류나 즐기세!

조선 시대 **궁궐 사람들의 숨은 이야기** 　왕의 생활에 관한 *이야기*

왕은 여가 생활을 어떻게 했을까?

태조 이성계나 태종 이방원의 경우 틈만 나면 매사냥을 즐겼습니다. 그러나 백성들로부터 비난이 일어나자, 점차 그 횟수를 줄였다고 합니다.

또한 조선의 왕들은 온천 목욕으로 잔병을 치료하였습니다. 현종은 눈병과 피부병으로 평생토록 고생이 심해 온양 온천에 행차하여 한 달 정도 목욕을 했습니다. 그 후, 증세가 좋아지자 현종은 기회만 닿으면 온천 목욕을 즐기곤 했습니다.

조선 시대 왕이 대궐 밖으로 한 번 행차하는 데는 호위병과 관료를 포함해 약 오천 명 안팎의 인원이 동원 되어야 했으니, 엄청난 비용이 들어갔음을 짐작할 수 있습니다.

미술이나 음악 등의 예술을 취미로 즐기는 왕도 있었고, 아름다운 꽃과 풀들을 모아놓고 이를 보는 즐거움으로 삼는 왕도 있었습니다. 하지만 조선 시대의 유학자들은 미술이나 음악 또는 수집 활동 등은 귀하지 않다고 하여 멀리했습니다.

연산군의 경우는 시를 많이 남겼고 영조는 글씨와 시, 단문, 산문 등 수천 점이

격구 예전에 말을 타거나 걸어다니면서 공채로 공을 치는 경기. 조선 시대에는 무예의 한 과목으로 인정하여 크게 유행하였다.

투호 일정한 거리에서 화살을 던져 병 속에 많이 넣는 사람이 이기는 경기.

넘는 작품을 남겼으며, 영조부터 순종까지는 왕들도 유학자들과 마찬가지로 문집을 남겼습니다.

화살을 병에 던져 넣는 투호는 조선 시대에 왕실과 양반가에서 유행하던 상류층 놀이였습니다. 또한 왕은 종친들과 격구놀이를 즐기기도 했습니다.

조선 시대의 격구는 왕실뿐만 아니라, 서민들에게까지 유행하던 놀이였습니다.

왕의 명칭

왕의 명칭에 조, 종이 붙는데 이것을 묘호라고 합니다.

묘호는 역대왕과 왕비의 신주를 모시는 종묘에 신위를 모실 때 쓰기 위한 것입니다.

보통 나라를 세웠거나 변란에 백성을 구한 커다란 업적이 있는 왕이 '조'가 되고, 앞의 왕의 치적을 이어 덕으로 나라를 다스리고 문물을 융성하게 한 왕을 '종'으로 한다는 의견이 있으나 조와 종은 왕이 죽은 뒤 신하들이 정하는 것이기에 꼭 그 구분이 맞는다고는 할 수 없습니다.

그리고 연산군이나 광해군처럼 재위에 있다가 폐위된 왕은 왕으로 대접하지 않고 왕자나 왕의 형제나 종친, 공신에게 주어지던 '군'으로 봉해졌습니다.

조선 시대 **궁궐 사람들의 숨은 이야기** 왕의 생활에 관한 이야기

왕의 가정생활은 어떠했을까?

궁궐에서 왕과 가족들의 식사는 모두 자신들이 생활하는 곳에서 먹었습니다. 왕은 강녕전에서, 대비는 대비전에서, 왕비는 중궁전에서 그리고 세자는 동궁전에서 먹었습니다.

왕의 가족은 철저하게 따로따로 생활하였는데, 왕 한 명을 절대 권력자로 유지하기 위해 왕의 어머니, 부인, 자녀들은 왕이 중심이 된 삶을 살아야 했기 때문입니다.

왕의 자녀들은 그 어머니가 누구냐에 따라 대군과 군, 공주와 옹주로 구분되었습니다. 어머니가 왕비인 경우에는 대군과 공주가 되고 어머니가 후궁 즉 빈, 귀인, 소의, 숙의인 경우에는 군과 옹주의 칭호를 받았습니다.

왕이 아버지로서 자식들에게 하는 일은 일반 백성들과 달리 매우 제한적이었습니다. 그렇지만 자신이 어여삐 여기는 며느리나 자식에게는 남다른 정을 보이기도 했습니다. 왕은 애정의 표시로 많은 토지와 노비를 내려 주거나, 자신이 아끼던 물

건을 선물로 주기도 했습니다. 또 직접 자식의 안부를 묻는 편지를 쓰는 경우도 있었습니다. 특히 세자나 세손이 어릴 경우에는 직접 불러다가 글을 가르치기도 하고, 이것저것 선물도 주면서 신하들에게 자식 자랑을 하기도 하였습니다.

왕과 왕비의 부부 생활은 극히 형식적인 경우가 많았습니다. 왕은 어릴 때 혼례를 치르지만, 막상 성년이 된 후에 사랑을 느끼게 되는 경우가 많았습니다. 따라서 마음에 드는 여자는 주로 후궁들이 많았습니다. 이때문에 왕과 왕비는 극히 제한적인 부부생활을 할 수밖에 없었습니다.

조선 시대의 왕들은 무엇보다 자식을 많이 낳는 것을 중요하게 생각했습니다. 왜냐 하면 자식을 많이 낳아야 왕실이 번창한다고 믿었기 때문입니다. 조선 시대 태종은 스물아홉 명의 자녀를 두었고, 성종은 스물여덟 명의 자녀를 두었습니다. 반면에 단종, 인종, 경종, 순종 등은 단 한 명의 자식도 두지 못했습니다.

왕에게만 쓰이는 높임말

• 몸 – 옥체, 보체	• 콧물 – 비수
• 얼굴 – 용안	• 대변 – 매화
• 이마 – 액상	• 방귀 – 통기
• 눈 – 안정	• 말 – 옥음
• 귀 – 이부	• 밥 – 수라, 어상
• 입 – 구중	• 도장 – 옥새
• 손 – 옥수, 어수	• 허리띠 – 옥대
• 입술 – 구순	• 옷 – 곤룡포, 용포, 곤복
• 손가락 – 수지	• 신 – 어혜, 치
• 손톱 – 수조	• 갑옷 – 어갑주
• 다리 – 각부	• 바지 – 봉지
• 눈물 – 용루	• 잠옷 – 야장의
• 땀 – 한우	• 왕의 의자 – 옥좌, 어좌

왕에게만 쓰이는 용어 중에는 '왕(王), 용(龍), 어(御)' 가 붙은 한자어들이 많이 사용되었습니다.

조선시대 **궁궐 사람들의 숨은 이야기** 왕의 생활에 관한 이야기

얼짱 왕은 누구?

조선 시대 왕 중에서 얼짱 왕은 누구일까요? 사진이나 그림으로 조선 시대 왕 중에서 가장 잘 생긴 왕을 찾기는 힘듭니다. 왜냐하면 조선 제26대 왕인 고종 이전에는 왕들의 사진이 없어 객관적으로 비교할 수가 없기 때문입니다. 또 사진기가 없을 때에 왕의 초상화인 어진(御眞)을 그려서 종묘에 있는 대왕의 신주 앞에 붙여 놓았었는데, 그것 또한 임진왜란과 병자호란과 한국 전쟁을 치르면서 거의 불타서 없어지고 영조, 철종, 익종(효명세자)의 어진만 남았기 때문입니다.

그러나 여러 가지 기록에 왕들의 모습이 담겨 있으니 얼짱 왕을 찾을 수는 있습니다. 기록이 얼마나 중요한지 알겠죠?

문종(1414~1452).

조선 제5대 왕인 문종은 얼굴도 잘 생긴데다가 수염이 무척 많아서 중국 《삼국지》에 나오는 관우와 같은 풍채였답니다. 그래서 이런 일도 있었다고 합니다.

임진왜란이 끝나고 불타고 부서진 궁궐을 수리할 때였습니다.

"아니, 이건!"

한 신하가 궁궐 한쪽에서 왕의 어진을 발견한 것입니다. 그러자 다른 신하들이 모여들어 어느 왕의 어진인지를 가려내려 했습니다. 그러나 불에 타다 남은 어진이어서 어느 왕인지 알 수가 없었습니다.

"정말 알 수가 없군요."

"그렇긴 합니다만, 풍채가 당당하시고 수염이 이렇게 많으니 으로 보아 12대 임금이신 인종 대왕이 아닐런지요."

"그 말씀도 일리가 있습니다."

그 말을 듣고 한 신하가 얼른 나서 어진을 자세히 보더니 자신 있게 말했습니다.

"풍채로 보아서 인종 대왕 같습니다만, 이 수염은 영락없는 관운장 아닙니까?"

"그 말씀도 일리가 있습니다."

그 말에 다른 신하들이 모두 고개를 끄덕였습니다.

"그러니, 이 어진은 문종 대왕의 어진이 틀림없습니다!"

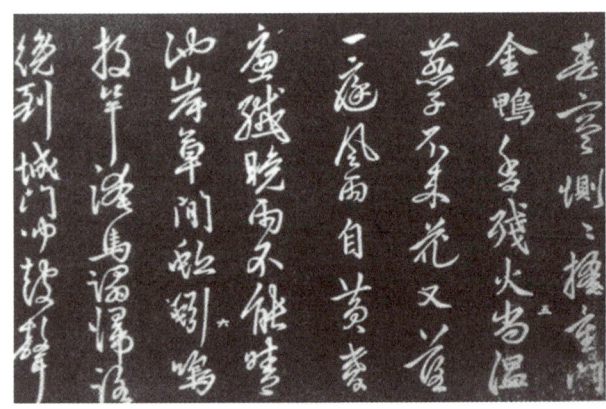

문종의 글씨

수염 하나로 문종이라고 한 그 신하의 말에 다른 신하들은 다른 토를 달지 못했습니다. 그 후, 이 어진을 자세히 조사하다가 한 구석에 이 어진의 주인공이 문종이라는 기록이 나왔답니다.

광해군(1575~1641)

 조선 제15대 왕인 광해군은 두 번의 사화를 치르면서 많은 사람을 죽인 폭군으로 잘 알려져 있습니다. 그래서 광해군은 큰 체격에 우락부락한 모습이라고 생각할 것입니다. 그러나 기록에 따르면 광해군은 무척이나 잘 생긴데다가 귀공자 같았답니다. 그래서 이런 일도 있었다고 합니다.

 "자네, 한양 가서 임금님을 뵈었다며?"
 "그럼."
 "뵙고 상까지 받았는걸."
 "그래, 우리 임금님은 어떻게 생기셨는가?"
 "우리 임금님은 얼굴이 하야신데 눈은 붉으시고, 수염은 적으시다네. 키는 크신데 몸이 가냘프시고 허리도 가늘어서 위엄이 없어 보이신다네."
 "예끼, 이 사람. 말조심하게."

 그러나 그 말이 화근이 되었습니다. 발 없는 말이 천리를 간다고, 그 말은 소문이 되어 이 사람 저 사람 입을 거쳐 순식간에 광해군의 귀에까지 들어가게 되었습니다. 그래서 그 말을 한 사람은 치도곤을 당했답니다.

영조(1694~1776)

영조 조선 제21대 왕

조선 제21대 왕 영조는 숙종과 숙빈 최씨 사이에서 태어났습니다. 영조가 아버지 숙종을 닮았는지, 어머니 숙빈 최씨를 닮았는지는 알 수는 없습니다. 그러나 영조의 어진에 보면 길쭉한 눈에 쌍꺼풀이 지고, 코는 오똑한데다가 입술은 작습니다. 이런 모습은 당시 조선 남자들이 최고로 치는 미인상이었습니다. 그러나 왕실에서는 이러한 모습을 천하게 생각했답니다.

영조의 어머니 숙빈 최씨는 양반 사대부 가문 출신이 아니고 무수리 출신이었습니다. 무수리란 궁중에서 청소 등의 잔심부름을 하던 여종입니다. 그런 무수리가 숙종의 눈에 들어 정1품 빈까지 신분이 올랐습니다. 그렇다면 최씨는 얼마나 미인이었는지 짐작이 가겠지요?

헌종(1827~1849)

순조의 손자인 조선 제24대 왕인 헌종은 아버지 효명세자와 어머니 신정왕후 사이에서 태어났습니다. 효명세자는 왕이 되지 못하고 죽어 후에 '익종'으로 받들어 존경을 받았습니다.

헌종은 8살 어린나이에 왕이 되었다가 22세에 세상을 떠났습니다. 기록에 보면 헌종은 무척 잘 생겼답니다. 왕으로 15년을 지내는 동안 대부분이 10대인데다가 잘 생긴 왕이니 많은 미녀 궁녀들이 헌종의 특별한 은혜를 입었답니다. 그런 이유로 후궁 첩지를 아무에게나 내리지 못했답니다. 심지어는 자식이 없는 헌종의 딸을 낳은 궁인 김씨도 첩지를 받지 못했다고 합니다.

어진이란?

 사진기가 없었을 때 왕의 초상화인 어진(御眞)을 그려서 종묘에 있는 대왕의 신주 앞에 붙여 놓았었습니다. 그런데 그 어진들은 임진왜란과 병자호란을 치르면서 거의 불타서 없어지고 말았습니다. 그나마 창덕궁에 있던 12분 왕의 어진은 한국 전쟁이 일어나 부산국악원으로 옮겼습니다. 그런데 1954년 부산국악원 화재로 9분 왕의 어진이 다 타고, 영조, 철종, 익종(효명세자)의 어진만 남았습니다.

 지금 남아 있는 것은 제1대 태조의 어진, 제4대 세종의 어진, 제21대 영조의 왕자 시절 타다 남은 어진과 영조의 어진, 제22대 정조의 어진, 제25대 철종의 타다 남은 어진, 제26대 고종의 어진뿐이랍니다.

 그 중에서 태조와 영조의 어진은 중간에 훼손되어 각각 1800년대와 1900년대에 원본을 본떠서 똑같이 그린 것입니다. 고종의 어진은 1901년에 그린 어진을 1920년에 원본을 본떠서 똑같이 그린 것입니다. 세종과 정조의 어진은 20세기에 그려진 상상화이고, 순종은 사진 뿐입니다. 그러므로 제대로 된 것은 영조(연잉군 시절의 초상)와 철종의 어진뿐이랍니다. 아쉽게도 조선 제23대 왕 순조의 세자인 익종의 어진은 얼굴 부분이 불에 타서 복원 불가능하답니다.

태조 이성계의 어진

조선시대 궁궐 사람들의 숨은 이야기 | 왕의 생활에 관한 이야기

공처가형 왕은 누구?

현종(1641~1674)

조선 시대 왕들 중에서 후궁을 하나도 두지 않은 왕은 효종의 아들이며 제18대 왕인 현종뿐입니다.

현종은 병자호란 후, 아버지 봉림대군이 볼모로 잡혀 가 있던 선양[瀋陽]에서 태어났습니다. 1644년(인조22) 조선으로 돌아와 1649년 왕세손에 책봉되고, 같은 해에 효종이 왕위에 오르자 왕세자가 되었습니다. 그 후, 1659년(효종10) 효종이 세상을 떠나고 왕세자였던 현종이 왕위에 올랐습니다.

현종의 왕비는 돈령부영사 김우명의 딸 명성왕후 김씨입니다. 1651년 세자빈이 되어 가례를 올리고 1959년에 왕비가 되었습니다. 가례란 왕실에서 치르는 혼인 예식을 이르는 말입니다.

그 후, 현종은 명성왕후가 곁에 있을 때에는 무척이나 무서워서 다른 궁녀에게 눈길 한번 돌릴 수도 없었답니다. 그래서 후궁을 하나도 두지 못했답니다.

　현종이 세상을 떠나고 어린 나이로 숙종이 왕위에 오르자, 명성왕후 김씨는 수렴청정을 하지 않았을 뿐 문정왕후 못지않게 모든 정사에 관여해 막강한 권력을 휘둘렀답니다. 또한 제19대 왕인 숙종에게도 명성왕후 김씨는 늘 무서운 어머니였다고 합니다.

고종(1852~1919)

　조선 제26대 왕 고종은 오랜 세월 아버지 흥선대원군의 그늘 밑에서 직접 나라를 다스리지 못했습니다. 그러다가 왕비로 맞이한 민씨의 도움으로 흥선대원군을

고종 조선 제26대 왕

정치권에서 몰아내고 직접 나라를 다스릴 수 있었습니다. 그래서 고종은 명성황후 민씨에게 유달리 특별하게 대하면서도 함부로는 대하지 못했답니다.

《매천야록》의 기록을 보면 명성황후 민씨가 살아있을 때, 고종에게 특별한 은혜를 입은 후궁이나 궁녀들은 궁궐 안에서 제대로 살지도 못했답니다.

영보당 귀인 이씨는 고종의 특별한 은혜를 입어 완화군을 낳았습니다. 첫 번째 아들이라 아버지 고종과 할아버지 흥선대원군의 사랑을 흠뻑 받았습니다. 흥선대원군은 완화군이 서자이지만 세자로 책봉하려고까지 했습니다. 그러나 명성황후의 훼방을 놓아 뜻을 이루지 못했습니다. 이렇게 되자 명성황후는 영보당 이씨는 완화군과 함께 궁궐에서 쫓겨나고 말았답니다.

귀인 장씨는 고종의 특별한 은혜를 받아 대한제국의 황자인 다섯째 아들인 의친왕을 낳았습니다. 이 일로 귀인 장씨는 명성황후에게 혹독한 벌을 받아야 했답니다.

또 고종이 각별하게 생각하던 엄 상궁은 명성황후 민씨의 후환이 무서워 궁궐 밖으로 몰래 빠져나가 숨어 살면서 몰래 궁궐을 들락거렸습니다. 그러다가 명성황후 민씨가 세상을 떠나고 난 다음에야 궁궐에 들어와 엄 귀비가 되었답니다.

고종은 이런 명성황후를 무척 무서워했답니다. 그래서 고종은 자기가 임금이지만 사랑하는 후궁이나 궁녀들을 궁궐 안에 두지도 못했습니다.

《매천야록》

　《매천야록(梅泉野錄)》은 황현(1855~1910)이 야사를 중심으로 기록한 역사책입니다. 야사란 민간에서 사사로이 기록한 역사를 말합니다.

　황현은 구한말 시인이고 학자이며 우국지사입니다. 그런데 1910년 우리나라가 국권을 일본에게 강제로 빼앗기자 나라의 치욕을 통분하며 절명시(絶命詩) 4편을 남기고 음독 순국했습니다.

　손으로 쓴 이 책은 1864년(고종 1) 흥선대원군이 정권을 잡았을 때부터 1910년(순종 4) 우리나라의 국권이 일본에게 빼앗길 때까지 47년간의 한국 최근세 역사에 실제로 있는 사실을 기술한 편년체의 역사책입니다. 편년체란 역사 서술 체제의 하나로, 역사적 사실을 연대순으로 기록하는 기술 방법인데, 기년체라고도 합니다.

　이 책에 실린 모든 내용은 황현 자신이 보고 들은 것을 기록한 것입니다. 그러나 끝 부분인 1910년 8월 29일부터 9월 10일 나라를 위해 목숨을 바칠 때까지는 문인 고용주가 덧붙여 쓴 것입니다.

　이 책에는 정권을 잡은 흥선대원군과 김씨 세도의 몰락, 흥선대원군 정권을 잡고 있던 10년간의 여러 사건 등 혼란한 정국과 변천하는 사회상 및 국내 정치와 외교의 중요한 사실들을 거의 빠짐없이 시대 순서대로 기록되어 있습니다.

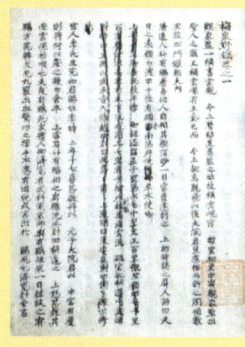

매천야록

조선 시대 궁궐 사람들의 숨은 이야기　　왕의 생활에 관한 이야기

왕이 죽으면 어떻게 할까?

왕의 임종이 가까워오면 대궐과 서울을 수비하는 군사들에게 특별 경계령이 내려집니다. 특히 궁궐을 둘러싼 성벽은 병사들이 사방을 에워싸고 만약의 사태에 대비하였습니다.

왕의 임종을 지키기 위해 모든 신하들이 대궐로 들어왔습니다. 세자는 왕이 병석에 눕는 순간부터 자기가 거처하던 동궁을 떠나 밤낮으로 왕을 곁에서 모시게 됩니다. 또한 대궐을 떠났던 모든 자녀들도 궁궐로 들어와 왕의 죽음을 지켜보게 됩니다.

조선 시대에는 왕이 임종을 맞을 때, 한 가지 큰 원칙이 있었습니다. 그것은 여자 혼자 있는 곳에서는 절대 최후를 맞지 않는 것입니다. 그 이유는 왕의 마지막 유언이 다음 왕위 계승에 많은 영향을 끼치기 때문입니다.

만약 왕이 후궁의 거처에서 숨을 거둔다면, 그 후궁이 유언을 거짓으로 꾸며 자신의 아들을 왕으로 만드는 엄청난 일이 일어날 수도 있기 때문입니다.

그러므로 왕이 후궁이나 왕비의 방에서 병을 치료 받다가도 숨이 끊어질 징조가 보이면 대신들은 얼른 왕을 왕의 처소로 모시고 갔습니다.

왕이 임종할 장소에는 포장을 치고 뒤에 도끼가 그려진 붉은 비단 바탕의 병풍을 쳤습니다. 이때 왕의 유언을 듣기 위해 모이는 사람들은 왕세자와 대신들입니다.

왕의 죽음이 확인되면 '상대점'인 三 자를 써서 발표하였으며, 이는 왕이 돌아가셨다는 것을 알리는 것입니다.

이때 사망 시간과 사망 장소 등도 같이 발표하게 됩니다. 이때부터 온 나라는 슬픔에 빠져들게 됩니다.

왕이 죽으면 대궐에는 왕의 시신을 임시로 모신 빈소의 제사와 호위 등을 담당하는 빈전도감이 설치되고, 왕의 장례에 관련된 업무를 관리할 국장도감과 왕릉을 만들고 정리할 산릉도감 등이 설치됩니다.

그리고 살았을 때의 공덕을 기리기 위해서 적당한 시호를 찾아 올리는데, 왕이 생전에 실행했던 좋은 언행을 추억하면서 대신들이 그에 적당한 시호를 찾아서 세 가지를 선택합니다. 그리고 선택된 세 가지를 중국으로 보내면 황제가 그 중에서 하나를 골라 결정해 주었습니다.

왕이 사망하고 중국에서 시호를 결정해 줄 때까지는 죽은 왕을 대행대왕이라고 불렀습니다.

태조가 죽은 뒤에는 강헌대왕이라고 불렀습니다.

또 대신들은 시호와 함께 왕의 일생을 평가하여 묘호를 정했는데, 묘호는 종묘에서 부르는 호칭을 의미합니다.

조선 시대의 장례 풍습은 3년 상이었습니다.

다음 왕위에 오를 후계 왕은 왕이 사망한 6일 후인 성복일 (상복을 정식으로 입는 날)에 즉위식을 올렸습니다.

그 이유는 성복 이전인 6일 동안, 혹시 죽은 자가 다시 살아나지 않을까 기대하는 마음에서 그 기간 동안을 기다렸기 때문입니다.

일반 백성들은 3일 만에 성복을 했지만, 왕의 경우는 그 두 배인 6일 만에 실시했습니다.

세자는 왕으로 즉위한 이후에도 26일 간은 업무를 보지 않고 상주로서 장례에만 전념했습니다. 이 기간 동안 나랏일은 원상으로 임명된 두세 명의 원로대신들이 처리했습니다. 이들은 밤낮으로 승정원에 숙직하면서 왕을 대신하여 국가의 모든 업무를 처리합니다.

왕이 죽고 없는 상황에서 새로운 왕을 임명하는 일은 형식적으로는 왕의 어머니인 대비의 권한에 속합니다.

실제로 조선 시대에 왕이 후계자를 지명하지 못한 채 갑자기 죽었을 때, 대비나 왕의 할머니인 왕대비가 다음 왕을 지명한 적이 있습니다.

왕이 돌아가시면 왕의 도장인 옥새는 대비가 보관했다가 세자가 왕으로 즉위할 때 전해 주고, 아울러 세자를 왕으로 임명한다는 명령서를 내리게 됩니다. 왕의 즉위식은 세자가 왕의 상징인 옥새를 받고 왕이 앉는 의자인 용상에 올라가 앉을 때까지의 의식 절차입니다.

옥새는 전왕의 시신을 모신 빈

태조 이성계의 옥새 거북이 조각 되어 있다.

전에서 받는데, 만약 전왕의 유언장이 있을 경우 새로운 왕은 이것을 받아 영의정에게 전해 주고 옥새는 받아서 좌의정에게 전해 줍니다.

　조선에서는 왕이 죽고 새로운 왕이 즉위하는 등의 국가 대사는 중국에 보고하고 승인을 받아야 했습니다. 왕이 바뀌면 대비는 왕의 사망 사실을 알리는 전왕의 시호를 요청하는 한편, 새로운 왕의 승인을 요구하는 대사를 중국에 파견해야 했습니다.

나이가 어린 왕의 정치

왕이 성인이 될 때까지 왕대비나 대왕대비가 나랏일을 대신 처리했습니다. 이를 수렴청정이라고 합니다.

열네 살에 즉위한 예종과 열세 살에 즉위한 성종은 예종의 어머니 정희왕후가, 열두 살에 즉위한 명종은 문정왕후, 열다섯 살로 즉위한 선조는 인순왕후, 열한 살에 왕이된 순조는 정순왕후, 현종과 철종은 순원왕후, 고종은 조대비가 각각 수렴청정을 했습니다.

조선 시대 **궁궐 사람들의 숨은 이야기** 왕의 생활에 관한 이야기

왕의 일정은 어떠했을까?

국왕은 웬만한 체력이 아니고서는 나랏일을 처리하기 어려울 정도로 바쁜 하루를 보내야 했습니다.

보통 오전 5시에 일어나서 죽 한 그릇 정도의 간단한 식사를 하고, 오전 6시에는 관리들과 정식 조회를 합니다. 조회가 없는 날은 대신들과 회의를 하며, 정3품 이상의 관리인 당상관들로부터 여러 가지 보고를 듣고 일을 처리합니다. 그 다음 아침 식사 전후로 왕실의 어른들을 찾아 문안 인사를 드립니다.

정오에는 처리해야 할 일이 있을 경우 해당 관리를 불러 업무에 관한 의논을 하고, 3시 경에는 상소문들을 검토하는 등의 일상 집무를 보게 됩니다. 또 야간에 대궐의 호위를 맡을 장

"짐에게도 놀토가 필요해!"

교 및 군사들과 숙직 관료들의 명단을 일일이 확인하고 야간의 암호까지 정해 줍니다.

한가한 시간을 이용하여 사냥, 활쏘기, 격구 등의 체력 단련도 수시로 합니다. 오후 7시 경에는 휴식 및 독서를 하며 밤 11시가 되어야 잠자리에 들 수 있습니다. 이처럼 왕은 겉으로 보기에는 매우 화려해 보이지만, 일반인들이 생각하는 것보다 훨씬 고달프고 자기 마음대로 할 수 있는 자유 시간은 거의 없었습니다.

국가의 위신이 왕의 한 몸에 달려 있었으므로 행동에 제약도 많아, 낮잠을 즐기거나 잡기를 하며 노는 것은 아예 엄두도 낼 수 없었습니다. 어떤 때는 하루에 네 번씩이나 회의에 참석해야 하는 때도 있었습니다. 세종대왕은 이런 회의에 기꺼이 임했다고 합니다.

보통 조선 시대 왕의 생활은 일년을 주기로 반복됩니다.

왕의 1년 일정은 정월 초하루부터 시작되며, 새해가 되면 왕은 북경에 있는 중국 천자를 향해 새해 인사를 해야 했습니다. 조정의 신하들을 모아놓고 천자가 계시는 북쪽을 향해 절을 올린 다음, 조상신들과 공자에게 인사하기 위해 종묘와 성균관에도 행차하게 됩니다. 그 다음에는 새해 인사를 드리기 위해 찾아오는 종친들과 대신들의 인사를 받게 됩니다.

조선 시대 왕의 1년 행사 중에는 농부들의 농사력에 맞추어 농업을 장려하는 행사가 많았습니다.

성균관 친림 강론도 지금의 대학교에 해당하는 성균관에 왕이 행차하여 유생들에게 강의를 하는 모습.

왕은 정월 초하루에 조선 팔도의 농민 및 관리들에게 새해에도 농업에 힘쓸 것을 당부하는 글을 발표합니다. 뿐만 아니라, 봄이 되면 왕은 농민에게 농사의 모범을 보인다는 의미에서 왕이 직접 밭을 가는 의식, 즉 친경례를 행하였는데, 이것은 왕이 친히 풍년을 기원하는 마음으로 지내는 제사입니다.

여름이 되면 가뭄과 홍수로 농사를 망치는 경우가 많았습니다. 그래서 오랫동안 비가 오지 않으면 삼각산이나 남산 그리고 한강에서 대대적으로 기우제를 지냈습니다. 반대로 비가 너무 많이 와서 홍수가 나면 하늘이 맑게 개기를 바라는 기청제를 지냈으며, 기우제나 기청제 후에 비가 오거나 개이면 하늘에 감사하는 보사제를 지내기도 했습니다.

가을에는 왕이 직접 낫을 들고 농산물을 수확하는 의식을 가졌으며, 집행을 미루던 사형수들에게 형 집행의 명령을 내렸습니다.

또 겨울에는 왕은 도로 수리와 여러 시설물의 증개축 등 토목공사의 명을 내리기도 했으며, 눈이 오랫동안 오지 않을 경우 기설제를 지냈습니다.

왕이 농사를 짓는 의식 (선농제)

조선 시대의 왕이 직접 농사의 모범을 보이기 위해, 현재 서울 동대문구 제기동의 선농단에서 5월에 직접 밭을 갈고, 그 해의 풍년을 기원하며 제사를 올렸는데 이를 선농제라고 합니다.

제사가 끝난 뒤, 소고기국에 밥을 말아 많은 사람들이 먹을 수 있도록 했습니다.

이것이 선농단에서 유래하여 선농탕으로 전해지다 지금의 설렁탕이라 불리게 되었습니다.

선농단 농사 짓는 법을 가르쳤다고 하는 선농씨와 후직씨에게 고려, 조선 시대에 풍년이 들기를 빌던 제단이다.

선농제 재현 모습

조선 시대 **궁궐 사람들의 숨은 이야기** 왕의 생활에 관한 이야기

왕의 식사는 어떠했을까?

아무리 잘 차린 요즘의 한정식도 왕의 수라상에 나오는 반찬을 따라갈 수는 없습니다. 왜냐 하면 똑같은 전이나 나물이라도 다양한 재료와 요리법으로 먹는 사람의 체질에 맞게 모든 음식물의 재료가 골고루 들어 있기 때문입니다. 특히 왕이 드시는 음식에는 건강을 생각한 요리가 많았습니다.

특별한 전류로는 소의 등골을 갈아 녹말에 지진 등골전이 있으며, 그 밖에 소나 양의 간이나 내장이 전의 재료로 많이 쓰였다고 합니다.

소의 내장은 오장의 기운을 돋우고 특히 비장과 위를 건강하게 만드는 작용도 있으며, 동시에 당뇨를 예방하는 효능도 있습니다.

구이의 재료로는 고기와 해물, 야채가 골고루 쓰였는데, 그 중에서 더덕은 사삼이라 하여 특히 많이 쓰였습니다. 더덕은 비장과 위장을 건강하게 하면서 폐장의 기운을 이롭게 하는 한편, 몸에 수분을 보충하므로 상대적으로 몸의 열을 제거해 주는 역할을 해 자주 먹었습니다.

때문에 갓난아이의 발열과 기력이 쇠하거나 기침, 가래 등의 증상을 보일 때 치료용으로 자주 쓰였습니다.

찜의 재료로는 생선과 함께 송이나 죽순을 많이 썼습니다. 특히 죽순은 기를 북돋워 주지만, 반대로 냉한 성질이 위의 기를 서늘하게 식힌다 하여 찜으로 많이 먹었습니다.

왕의 수라상이라도 백성들이 즐겨 먹는 생채와 숙채를 빼놓을 수는 없는데, 8가지 재료를 빙 둘러놓고 가운데 밀전병을 놓은 구절판이 숙채에 해당됩니다.

구절판

구절판은 당근, 표고, 석이, 애호박 등을 채 썰어 볶고 쇠고기, 처녑, 전복 등을 밀전병에 싸서 먹는 음식입니다. 밀전병에 싸서 먹는 이유는 밀가루가 갈증을 없애고 소변을 잘 통하게 하는 성질이 있기 때문입니다.

그 외 고사리, 도라지, 가지, 박 오가리 등 다양한 종류의 숙채를 먹었다고 합니다. 가지는 한방에서 열을 내리고 혈액 순환을 촉진시켜 부기를 가라앉히는 역할을 하며, 도라지는 길경이라 하여 폐를 이롭게 하고 가래를 없애며 목이 붓고 아픈 증상을 없애 주는 역할을 합니다.

궁궐 내에서 왕, 왕비, 대왕대비, 세자는 각각 대전, 중궁전(왕비전), 대비전, 세자궁의 별채에서 생활을 하면서 일상의 식사는 별채에 딸린 주방에서 궁녀들이 만들어 올렸습니다.

왕은 침전에서 수라를 드셨는데, 왕과 왕비의 수라를 만드는 곳을 수라간 또는 소주방이라고 하며 침전과는 다른 별채에 배치하고 있습니다.

왕실에서 사용하던 은주전자

수라상을 올릴 때는 퇴선간이라는 곳에서 상을 차려서 올리고, 식사를 마치고 물린 상을 정리하였습니다. 생과방이라는 곳에서는 후식을 만들어 올렸습니다.

왕의 수라상에 사용되는 그릇은 겨울에는 은 반상기를, 여름에는 사기 반상기를 쓰며, 수저는 사철 내내 은으로 만든 것을 사용하였습니다.

은은 독이 있는 음식물이 닿으면 색이 변하기 때문에 미리 큰 해를 막을 수 있어 수저는 항상 은으로 만든 것을 사용하였습니다. 또한 왕이 음식을 먹기 전 옆에서 보좌하고 있던 큰방상궁이 먼저 음식맛을 보는데, 이것을 '기미 본다'라고 합니다. 그 이유는 음식에 독이 있는지 없는지를 큰방상궁이 먼저 확인하는 것입니다.

수라상이 들어오면 큰방상궁이 조그만 그릇에 음식을 골고루 덜어서 왕 앞에서 자신이 먼저 먹어보고, 그 밖의 나인들에게도 나누어 주어 먹어 보게 합니다.

그리고 수라상 위에는 왕의 수저 이외에 상아로 된 별도의 젓가락 한 벌과 조그만 그릇이 놓여져 나옵니다. 이것을 공저라고 하는데 공저는 음식을 다른 그릇에 덜 때만 쓰는 것입니다. 기미를 본 후 큰방상궁은 이 젓가락으로 왕이 먹기 편하도록 생선가시 같은 것을 발라 놓았다고 합니다.

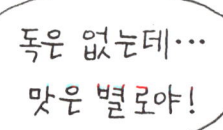

독은 없는데… 맛은 별로야!

상에 올리는 그릇들은 모두 같은 문양과 같은 재질로 된 것을 사용했습니다.

상은 큰 밥상과 작은 밥상 그리고 책상반 세 개를 한 번에 차립니다. 이때 전골을 끓이기 위한 화로와 전골틀도 같이 준비를 합니다.

음식을 만드는 상궁 중에는 소녀 나인인 생각시 두세 명을 데리고 간장과 고추장만 전담하는 상궁이 있었는데, 별명이 '장꼬마마님'이었습니다.

장꼬마마님은 날이 밝으면 몸을 깨끗하게 씻고 장이 담겨져 있는 독들을 반들반들하게 닦았습니다. 또 장을 다 먹어 장독이 비지 않도록 살피는 것도 임무였습니다.

궁궐에서 사용하는 장독은 항상 가득 채워져 있도록 끊임없이 장을 만들어야 했고, 장이 줄면 작은 새 독에 옮겨 담았습니다.

간장은 불에 달이지 않았는데도 오래 묵혀서 조청처럼 끈적끈적하고 달짝지근한 맛이 우러났다고 합니다.

조선 말기 궁중에서는 간장에 유난히 많은 신경을 썼는데, 그 이유는 고종이나 순종이 맵고 짠 것을 싫어해 고추장과 된장을 많이 쓰지 않았기 때문입니다.

순종은 1년에 한두 번쯤 된장찌개를 찾았는데, '절미 된장조치'라 하여 쇠고기와 표고버섯을 넣고 맛깔스럽게 조금씩 끓여 올리곤 하였습니다.

수라상

수라는 몽골어인데 고려말과 조선 시대에 왕에게 올린 밥을 높여 부르는 말입니다.

수라상의 반찬은 12가지로 대원반, 소원반(곁반), 책상반의 3개의 상에 올립니다. 수라(밥), 탕, 조치(찌개), 찜, 전골, 김치, 장류를 기본으로 하여 더운구이(육류, 어류의 구이), 찬구이(더덕 등의 채소구이), 전유화(지짐), 편육, 숙채, 생채, 조리개(조림), 젓갈, 장과(장아찌), 마른찬(자반, 튀각), 회, 별찬의 열두 가지 찬품으로 구성됩니다.

찬의 내용은 계절에 따라 바뀌며 전국에서 생산되는 특산물로 만들어지며, 이것은 왕이 직접 그 지역을 가 보지 않아도 백성들의 생활을 알 수 있게 하기 위한 것으로 백성들의 생활을 항상 잊지 않는다는 뜻도 담겨져 있답니다.

수라상

조선시대 **궁궐 사람들의 숨은 이야기** 왕의 생활에 관한 이야기

왕은 왜 온천을 자주 찾았을까?

왕들의 여가 생활 중 빼놓을 수 없는 것 중의 하나가 바로 온천입니다.

조선 시대 왕들은 대체로 몸이 약하여 잔병으로 고생하는 일이 많았습니다. 특히 피부병의 일종인 부스럼으로 많은 고생을 하였습니다.

왕들은 온천욕이 피로를 풀어 주고 피부를 회복시키는 데 아주 효험이 좋다고 생각했었습니다.

세종과 세조는 피부병과 눈병으로 고생을 많이 했기 때문에 온천을 자주 찾았습니다.

세종 임금은 모든 일에 부지런하고 밤낮으로 쉬지 않고 글을 읽어서 눈병을 얻게 되었습니다. 또한 왕비의 친정이 몰락한 사건이 마음의 짐이 되어 몸 속에 심한 병까지 생겨 온천욕을 자주 하려고 했습니다.

그런데 세종이 치료차 온천을 즐기던 온양은 바다와 가까운 곳이어서 경호하기가 어려웠습니다. 당시에는 왜구가 조선의 해안을 자주 침범했기 때문입니다.

이런 이유로 세종이 온양 온천으로 행차할 때는 만에 하나 왜구의 침입에 대비해서 수많은 기병을 온양의 10리 밖에 배치해 놓기도 했습니다.

이런 준비를 한 다음에 세종은 왕비와 왕세자인 문종과 함께 온양으로 행차했습니다.

이때, 문무 군신 50여 명이 세종 내외의 어가를 따랐으니, 세종을 호위하는 수천 명의 군사까지 합치다면 대단한 행렬이었습니다.

세종은 온천욕으로 눈병에 많은 효과를 보았다고 합니다. 하루는 도승지 조서강 등이 문안을 드리자, 세종이 자신의 병세에 대해 말했습니다.

"내가 두 눈이 흐리고 아파서 봄부터는 음침하고 어두운 곳은 지팡이가 아니고는 걷기가 어려웠다. 그런데 온천에서 목욕한 후로는 책을 펴놓고 보아도 별 어려움이 없이 책을 읽을 수가 있었다."

이 말을 들은 도승지 조서강 등은

"안심하시고 오래 목욕하시어 영구히 치유되게 하옵소서."

라고 하였습니다.

그러나 나라 일이 걱정이 된 세종은 온천욕만 하고 있을 수 없어서, 얼마 지나지 않아 환궁한다는 명을 내렸습니다.

화성능행도병 〈환어행렬도〉
정조가 어머니 혜경궁 홍씨를 모시고 아버지 사도세자의 현릉원을 참배한 뒤 한양으로 돌아오는 어가행렬 모습. 총 6,200명의 인원과 1,400여 필의 말이 동원되었고 수십만의 백성들이 흥미롭게 구경하는 모습이 잘 나타나 있다.

그 후, 세종은 특별히 명하여 온수현을 온양군으로 승격시켰습니다. 현과 군은 오늘날의 시와 읍처럼 등급에 차이가 있었으며, 현은 종5품 현령이나 종6품 현감이 부임하는 곳인데 비해 군은 종4품 군수가 부임하는 곳이었습니다.

온양이 군으로 승격되면서 당시 그 부근에서 종4품 군수가 부임하는 곳은 온양 외에는 없었습니다. 이웃 고을인 아산은 종6품 현감이 부임했었습니다.

이처럼 세종은 자기의 눈병이 나은 것을 기쁘게 여겨 온양을 군으로 승격시켜 주고, 충청 관찰사에게 옷 한 벌을 내려 주기도 했다고 합니다.

그렇다면 세조는 왜 온양 온천을 자주 찾았을까요?

세종의 뒤를 이어 왕위에 오른 문종이 불과 2년 만에 사망하고 문종의 어린 외아들 단종이 즉위함으로써 삼촌이 조카를 죽이는 피의 비극이 시작되었습니다.

수양대군은 단종 1년 황보인, 김종서 등을 살해하는 계유정난을 일으켜 권력을 잡았습니다. 그 후, 결국 단종을 몰아내고 왕위에 오른 수양대군은 세종만큼이나 온천을 좋아해서 온양을 자주 찾았습니다.

세조 10년에는 왕비인 정희왕후와 함께 온양 온천을 찾았고, 이듬해에는 세조 혼자서 두 번이나 온양 온천을 찾았다고 합니다.

조카 단종의 왕위를 빼앗고 왕위에 오른 세조는 단종을 죽이고, 사육신 사건 등 떳떳치 못한 자기 행동에 항상 죄책감을 가지고 있었습니다. 그래서인지 백성들에게는 비교적 관대한 편이었습니다.

세조가 이처럼 온양을 자주 찾아오자, 관리들은 일반 백성들에게 온천욕을 금지시켰습니다.

이 사실을 뒤늦게 알게 된 세조는 비서실인 승정원을 통해 "왕이 먹는 우물이나 잠자고 사용하는 방을 제외하고는 온양 온천에서 목욕하는 것을 금하지 말라."

는 왕명을 충청도 관찰사에게 내렸습니다.

세조는 재위 14년, 온양에서 50일을 머물렀는데. 이 기간 동안 무관들의 무술 실력을 시험하는 대회를 열기도 하였습니다.

세조는 말년에 단종을 몰아내고 왕위에 오른 죄책감에 사로잡혀 단종의 어머니이자 형수인 현덕왕후의 혼령에 시달려 아들 의경세자가 일찍 죽었다고 생각하게 됩니다.

의경세자가 병상에 누워 있을 때, 21명의 승려가 경회루에서 공작제를 베풀기도 했지만, 의경세자는 끝내 쾌유되지 못하고 병세가 악화되어 죽고 말았습니다.

의경세자가 죽자, 세조는 화가 치밀어 현덕왕후의 무덤을 파헤치는 등 패륜을 범하기도 했습니다.

또한 현덕왕후가 자신에게 침을 뱉는 꿈을 꾸고 나서부터 피부병에 걸려 고생하기도 했다는 이야기와 그 피부병을 고치려고 상원사를 찾았다가 문수동자에 의해 피부병이 나았다는 전설이 전해지고 있습니다.

현종의 경우도 눈병과 피부병으로 평생 고생을 많이 했으며, 온양 온천에 행차하여 한 달 정도 목욕을 하고 나서 증세가 나아졌습니다.

온천욕으로 효험을 본 현종은 기회만 닿으면 온천욕을 하기 위해서 여러 가지 핑계를 대며 유명한 온천을 찾아다녔다고 합니다.

선조의 경우는 아프지도 않는데, 아프다고 거짓말을 하면서까지 온천에 다녀오기도 했습니다.

그러나 조선 시대 왕이 대궐 밖으로 한번 행차하는 데는 대규모 인원이 동원되어야 했으므로 온천을 자주 즐기기에는 여러 가지로 어려움이 많았습니다.

궁여지책으로 현종 때에는 서울 부근에 있는 온천수를 대궐로 운반하여 대궐 안에서 온천욕을 할 수 있도록 하는 방법을 쓰기도 했습니다.

온천의 역사

고구려 서천왕(서기286년경)의 아우가 온천욕을 했다(동사강목)는 첫기록과 함께 고려사에는 병든 부모를 모시고 온천 치료를 시키고자 하는 관리에게 휴가를 주었다는 기록이 있습니다.

또 온천 관리 지침이 경국대전과 대전회통에 기록되어 있으며, 온천을 처음 발견한 사람에 대해서는 직위가 있는 자는 3계급 특진, 직위가 없는 사람에게는 7등급에 임명하고, 천민에게는 임역을 면제 시켰다는기록도 있습니다.

조선 시대 궁궐 사람들의 숨은 이야기　　왕의 생활에 관한 이야기

왕의 비자금은 어떻게 쓰였을까?

조선 시대의 왕은 전 국토와 백성의 주인이었기 때문에 생활에 필요한 모든 비용은 국가에서 담당하였습니다.

그러나 국가의 공적인 기구를 통한 왕의 경비 지출은 언제나 제한을 받았는데, 그것은 한정된 국가 재정을 가지고 나랏일을 운영해야 하기 때문입니다.

조선 시대에 개인적으로 비자금을 처음 사용한 왕은 태조 이성계였습니다. 고려 말의 무공으로 여러 차례 공신에 책봉되면서 태조의 재산은 엄청나게 많은 것으로 알려지고 있습니다.

그 규모는 함경도 지방 토지의 삼분의 일이 태조의 소유였다고 하며, 소유한 노비의 수도 상상 못할 만큼 많았습니다.

태조가 조선을 창업하고 왕위에 오르자, 태조의 개인 재산을 나라의 것으로 할 것인지, 개인의 재산으로 할 것인지에 대해 여러 의견이 많았습니다.

이때 이방원이 태조의 재산을 개인의 것으로 하고, 이를 왕실에서 관리하는 것이

좋겠다고 하여 이후부터 태조의 재산이 왕의 비자금 원천이 되었던 것입니다.

조선 시대는 왕의 재산을 관리하는 내수사라는 곳이 있었는데, 그곳의 관리들은 정5품으로 규정되어 있었지만 실제로는 내시들이 관리하였습니다.

즉 왕의 개인비서라고 할 수 있는 내시들로 하여금 왕의 비자금을 관리하도록 했는데, 그 이유는 왕의 숨은 자금을 관리하기에는 내시들이 가장 적합하였기 때문입니다.

따라서 양반 관리들은 왕의 재산이 얼마나 되는지, 또 그 자금이 어떤 식으로 운영되는지 알 수 없었습니다.

내수사에서는 전국에 걸쳐 있는 왕의 재산을 관리하고, 재산을 늘려나갔습니다. 조선 시대의 재산은 토지와 노비가 대부분이었으며, 내수사의 내시들은 왕의 힘을 등에 업고 토지와 노비를 무제한으로 늘려 나갔습니다.

그러므로 내수사 소속의 토지를 소작하는 농민들에게는 다른 소작지에 비해 세금을 경감시켜 주거나 소작료를 낮게 책정하는 등의 특혜를 베풀어 주었습니다.

그래서 지방 관리들로부터 온갖 방법으로 재산을 빼앗기는 힘없는 농민들은 누구나 내수사가 가지고 있는 농토를 경작하려고 애를 태웠습니다. 심지어는 자신의 토지를 내수사에 헌납하고, 그 대신 싼 세금을 내며 관리들의 횡포에서 벗어나려고 한 농민들도 있었습니다.

내수사에서 불린 재산은 토지뿐만이 아니었습니다. 내수사에 속한 수많은 노비들도 다른 곳에서 근무하는 노비들에 비해 하는 일이 가벼웠기 때문에 관청에 소속된 노비들도 서로 내수사 소속의 노비가 되고 싶어했습니다.

내수사에서 재산을 늘리는 대표적인 방법으로는 토지에서 생산된 곡식을 일반 농민들에게 꾸어 주고 이자를 받는 방법이었습니다. 이렇게 왕권을 배경으로 한 내수사의 재산 불리기는 한정이 없었습니다.

내수사를 통해서 막대한 자금을 확보한 왕은 이것을 개인적으로 이용하였습니다. 자신의 아들이나 딸들에게 토지나 노비를 하사하기도 하고 마음에 드는 대신들에게 사적으로 상을 내리기도 하였습니다. 또한 개인적으로 절을 짓거나 국가에 재난이 들 때도 내수사 자금을 이용하였습니다.

왕비나 대비 그리고 왕자, 부마 등 왕족들은 품위와 권위를 유지하기 위해 나름대로의 돈이 필요했습니다. 물론 국가의 공적 기구에서 왕실 가족들을 위한 예산을 배정하기도 했지만 부족한 경우가 많았습니다.

국가에서 배정한 예산이 이들의 기대를 충족시키지 못할 때, 왕이 사적으로 이 부분을 채워 주기 위해 비자금을 운영하였던 것입니다.

따라서 대비는 자신의 권한을 이용하여 사찰을 새로 짓기도 하고 거액의 돈을 시주하기도 하였는데, 이때 뒷돈을 대주는 사람은 주로 왕이었습니다.

비자금을 갖고 있기는 왕비나 대비도 마찬가지였는데, 조선 초기에는 아들, 딸 구별 없이 공평하게 재산을 배분해 주었습니다. 따라서 명문대가 출신들인 왕비나 대비들은 막대한 상속 재산을 갖고 있었습니다. 거기에다 왕비나 대비가 되면 공

식적으로 국가로부터 돈을 받았기 때문에 더욱 많은 재산을 소유할 수 있었습니다.

이렇게 만들어진 자금으로 왕비와 대비는 상궁과 내시들을 심복으로 만들었는데, 왕비와 대비로서 권위와 체면을 세우기 위해 상궁과 내시들을 자기 사람으로 만들어야 했습니다.

뿐만 아니라 출가한 자식들에게 가끔씩 인심을 쓰기 위해서도 돈이 있어야 했으며, 친정 식구들이나 관리의 부인들에게도 체면을 세우기 위해서 돈이 필요했던 것입니다.

조선 왕실의 비자금 규모

조선 왕실의 비자금 규모는 어느 정도인지 액수를 가늠하기가 힘듭니다. 왕실의 토지 소유량은 조선 시대를 통틀어 거의 변동이 없었습니다.

왕실 소유인 땅의 생산성은 1등급이었습니다.

지금 돈으로 토지만 환산해 볼 때, 총넓이 11,340,120평, 땅값만 해도 어마어마하겠죠?

영조부터 순조까지 거기에서 얻어지는 수확량도 지금 시세로 환산하면 약 400억에 육박합니다.

그러나 그때의 토지 생산성, 물가 변동, 실제 경작 용지 등 요즘 기준으로 계산하기는 무리가 따릅니다.

당시 경제 수준으로 볼 때 왕실의 재산 규모는 조선 전체를 따져 굉장히 큰 규모였습니다.

조선 시대 **궁궐 사람들의 숨은 이야기** — 왕의 생활에 관한 이야기

왕은 화장실 사용을 어떻게 했을까?

조선 시대 궁궐에서는 매화틀 또는 매우틀이라고 불리는 변기를 사용하였습니다. 일종의 요강으로 왕이 볼일을 보면 대기하고 있던 상궁이 즉시 매화틀을 밖으로 가지고 나갔습니다. 그러면 기다리고 있던 어의가 매화틀 안에 담긴 변을 보고 임금님의 건강 상태를 확인하였습니다.

매화틀 속에는 사기나 청동으로 만든 그릇이 있어서 서랍 처럼 밀어넣거나 뺄 수 있도록 되어 있습니다.

매우틀 궁궐에서 사용하던 이동식 화장실. 청동제 그릇은 분리하여 배설물을 버리기 쉽게 만들었다.

그리고 이 그릇 안에는 재를 가득 담아서 용변을 볼 때 소리가 나지 않게 하였을 뿐만 아니라, 냄새도 나지 않게 하는 지혜를 발휘했습니다. 때때로 어의는 왕의 건강을 살피기 위해 직접 똥을 손가락으로 찍어 색깔과 맛을 보기도 했습니다.

매화틀을 이용하면 대소변 모두를 해결할 수 있었지만, 요강 같은 간편한 변기가 따로 있어 소변을 볼 때 함께 사용했습니다.

이처럼 소변을 보는 요강을 따로 마련한 것은 왕의 옷이 복잡하고 번거로웠기 때문입니다.

또 신하들과 군사들의 호위를 받으며 장거리를 행차하던 어가 안에서 왕의 생리적 현상은 역시 요강으로 처리했을 가능성이 높습니다.

가마 속에서 얼굴을 보일 수 없었던 왕비나 이에 버금가는 궁중의 여인들 역시 요강 같은 것을 이용했을 것으로 추측되지만, 그것은 단지 추측일 뿐 정확한 사료가 남아 있는 것은 없습니다.

다만 옛날 일반 백성들은 '길요강'이라는 것이 있어서, 여러 곳에 두루 이용하였다는 것을 보면 왕의 행차에까지 이용되지 않았을까 생각할 뿐입니다.

궁궐의 화장실

궁궐에도 화장실이 있어 사람들이 용변을 해결할 수 있도록 했습니다.

화장실을 서각, 혼헌, 측간 등으로 불렀으며, 경복궁에는 28개의 화장실이 있었다고 합니다.

그러나 궁궐의 화장실에 대한 확실한 기록은 없고, 학자들은 〈궁궐지〉〈궁궐도형〉 등의 자료를 보고 궁궐내 화장실의 위치를 추정할 뿐입니다.

지금까지 발견된 가장 오래된 화장실은 기원전 3,800년에 지어진 지중해 크레타섬의 미노스 왕궁의 화장실이고 우리나라는 통일신라시대 경주 도시 유적에서 화장실로 추정되는 유구가 발견되었습니다.

왕비와 세자빈에 관한 이야기

조선시대 궁궐 사람들의 숨은 이야기 　왕비와 세자빈에 관한 *이야기*

원자가 탄생하면 어떤 일들이 일어나는가?

왕실에 원자가 태어나면 죄수들이 감옥에서 풀려나고 특별 과거가 실시되며, 산실청에서 일하는 관료들에게 왕이 푸짐한 상을 내렸습니다.

왕과 왕비는 보통 경험이 많은 늙은 상궁이나 관상감들이 정해 주는 아들 낳는 좋은 날을 택해 합방을 하게 됩니다.

왕비는 임신하는 순간부터 바른 생각만 하고 부정한 것은 보지도 듣지도 말하지도 않아야 합니다. 즉 서러운 울음소리, 시장의 떠들썩한 소리, 애처로운 벌레소리 등은 듣지 말아야 하고 병든 새, 병든 사람, 원숭이 등도 보지 말아야 합니다.

또한 과식을 해도 안 되고, 차거나 더러운 곳에 앉아서도 안 되며, 모로 누워도 안 되고, 엎드려서도 안 됩니다.

출산 예정일이 3개월 앞으로 다가오면 산실청이 설치됨과 동시에 의정부의 3정승과 내의원의 이름 있는 어의들이 왕비의 출산 때까지 비상근무를 하게 됩니다.

원자가 태어나면 매화, 복숭아, 호두 등을 넣어서 끓인 다음 산돼지 쓸개를 섞어서 만든 물로 목욕을 하게 됩니다.

목욕 후에 입히는 배냇저고리는 대신들 중에서 무병 장수 한 사람이 입었던 무명옷을 입혔습니다. 그 이유는 왕실부터 솔선수범해서 물자 절약의 본보기가 될 뿐 아니라 사람이 오래 입었던 무명옷은 감촉이 부드러웠기 때문입니다.

고종의 경우는 원자를 낳자 자신이 입었던 무명옷을 배냇저고리감으로 사용하였다고 합니다. 원자가 탄생함과 동시에 사흘 간 원자의 복을 빌게 했는데, 원자의 복을 빌 대표자로는 조정 대신 중에서 자식이 많은 사람이 선발되었습니다.

그리고 탯줄은 영원한 의미를 갖는 것으로 함부로 버리지 않았습니다. 원자가 탄생하는 당일 백자 항아리에 탯줄을 넣어 산실 안에다 임시로 보관한 다음, 7일째가 되면 탯줄을 물로 씻는 의식을 거행합니다.

태는 미리 길어 놓은 깨끗한 물로 백 번을 씻었습니다. 태를 씻은 물은 함부로 버리지 않고 다른 항아리에 받아두었다가 일정한 방향을 정해서 버렸다고 합니다. 물로 씻은 태는 다시 항아리에 담아서 명당을 골라 땅에 묻었습니다. 태와 함께 산실 바닥에 깔았던 산자리도 소중하게 보관하였는데, 산자리는 보통 고운 짚을 이용하여 만들었습니다.

회강반차도 왕세자의 수업 장면.

원자에게 젖을 대신 먹이는 유모는 왕궁뿐만 아니라, 형편이 좋은 양반집에서 엄격한 심사를 거쳐 선발하였습니다. 선발 기준은 젖이 풍부하고 마음과 심성이 고와야 하며, 대체로 젖먹이 어린애를 가지고 있는 사람이어야 했습니다. 원자에게 젖을 먹이다 보니, 정작 유모 자신의 아이는 젖을 먹지 못해 죽는 안타까운 일도 간혹 있었습니다.

원자의 유모가 되면 특별한 대우를 받았는데, 공식적으로 종1품의 품계를 받고 '봉보부인'이라는 칭호를 받게 됩니다.

신하 중에서 최고의 위치인 영의정이 정1품이고, 종1품이면 바로 그 아래 등급에 해당되었습니다. 정2품인 판서보다 높은 직급으로, 이 제도는 세종 때부터 시작되었다고 합니다.

또한 원자가 태어나면 원자의 건강을 살피고 보호하는 일을 하는 보양청이 설치되었으며, 이곳에서는 원자가 먹을 음식과 입을 옷, 공부하는 책을 준비했습니다.

원자가 글을 배울 때쯤인 네 살 정도가 되면 보양청이 없어지고 원자의 교육을 담당하는 강학청이 들어섰습니다.

강학청이 설치되면, 교육을 담당할 사부님이 임명됩니다. 보통은 종2품 이상의 보양관들이 그대로 임명되기도 합니다. 그러나 학문과 덕망이 뛰어난 사람이 따로 선발되는 경우도 있었습니다.

원자를 가르치는 교육 과목은 소학, 천자문, 격몽요결 등을 이용한 유교 교육이 중심이 되었습니다. 수업은 매일 아침, 낮, 저녁에 각각 한 차례씩 세 번을 했는데,

수업 시간은 대략 한 번에 45분 가량입니다.

원자의 교육을 전후하여 대신들은 원자를 공식적으로 세자로 책봉할 것을 요청하게 되는데, 원자를 명실상부한 나라의 근원으로서 공포하자는 의미인 것입니다.

원자 책봉 의식이나 세자 책봉 의식 등은 대체로 봄에 실시하였습니다. 그 이유는 앞으로 왕이 될 사람이란 선언식과 같아서 계절로 생각하면 만물이 싹트고 되살아나는 봄과 같다고 생각하였기 때문입니다.

왕의 자녀들의 호칭

왕비 즉, 정실부인이 낳은 아들은 대군, 딸은 공주라 불리고 후궁에서 낳은 아들은 군, 딸은 옹주라 불렀으며 품계가 없습니다.

그러나 왕세자가 낳은 자녀에게는 세자빈이나 후궁에게서 낳은 아들은 똑같이 정2품 품계를 가진 군에 봉해지고 딸은 세자빈이 낳으면 정2품 군주, 후궁소생은 종2품 현주에 봉해집니다.

장차 세자가 왕에 오르면 아들은 대군, 군으로 딸은 공주, 옹주로 봉해집니다.

조선 시대 **궁궐 사람들의 숨은 이야기** — 왕비와 세자빈에 관한 이야기

대비는 얼마나 많은 권한을 가지고 있었을까?

왕의 할머니는 왕대비라고 불렀고, 증조할머니는 대왕대비라고 불렀습니다. 그래서 보통 대비라고 하면 왕의 어머니를 포함하여 그 위의 어른들까지도 포함하는 호칭이었습니다.

조선 시대의 대비는 왕실의 어른으로서 정치에 막대한 영향을 끼치는 경우가 많았습니다. 다음 왕이 정해지지 않은 상태에서 왕이 갑자기 죽었을 경우에는 대비가 후계자를 지명할 수 있는 권한을 가졌습니다.

또한 왕이 어릴 경우에는 대신 정치를 하여, 왕실의 실제적인 실력자로 인식되어 왔습니다.

따라서 대비가 왕의 친어머니일 경우에는 왕의 든든한 후원자가 될 수 있었지만, 대비가 왕의 친어머니가 아닌 경우에는 왕과 많은 갈등이 있었습니다. 주로 갈등의 원인은 대비가 왕보다는 자신의 친정 쪽에 관심을 쏟고 친정을 후원했기 때문입니다.

　왕이 대비의 위세를 믿고 날뛰는 외척을 멀리하면 대비와 갈등이 생기기 쉽고, 그렇다고 무작정 대비의 뜻을 따르면 정치가 어려워졌습니다.

　따라서 결단과 판단력이 부족한 왕들은 대비와 외척의 틈새에 끼어서 왕의 권위를 찾지 못하는 경우가 많았습니다.

　조선 시대의 여성들은 남성들에 비해 정치적, 사회적 지위가 상대적으로 낮았지만, 맏어른의 입장이 되면 남녀에 상관없이 자식들에게 최고의 존경 대상이 되었습니다.

　조선 시대에도 지금과 마찬가지로 여성의 수명이 남성보다 길어서 왕이 왕비보다 일찍 죽는 일이 많았습니다.

왕비의 위치

조선왕의 정실부인은 비입니다.

품계는 없고 왕후로 존중되고 중전이라 불립니다.

비는 원칙적으로 1명이지만 왕보다 먼저 죽을 경우 다시 비를 세우고 계비라 부릅니다.

궁중의 여인들은 내명부로 묶어 관리하는데 내명부의 가장 높은 사람은 중전입니다.

왕은 여러 명의 후궁을 둘 수 있습니다.

후궁들은 모두 내명부에 따라 정1품에서 종4품까지 품계가 정해졌고 빈은 조선 시대 내명부의 정1품으로 후궁 가운데 가장 높은 지위에 해당됩니다.

조선 시대 궁궐 사람들의 숨은 이야기 — 왕비와 세자빈에 관한 이야기

왕비는 어떻게 뽑혔을까?

조선 시대의 왕비는 간택이라는 절차를 거쳐 왕의 배필이 되었습니다. 왕비 간택의 절차를 보면 금혼령을 전국에 반포하여 처녀들의 결혼을 일시적으로 금지시켰습니다.

금혼령의 대상은 사대부 집안의 규수로 열세 살에서 열일곱 살 정도의 처녀들이었고 가례도감이라는 임시관청을 설치하여 간택과 혼례를 주관하게 하였습니다. 금혼령이 내려지면 처녀를 둔 가문에서는 처녀의 사주와 거주지, 아버지, 할아버지, 증조할아버지, 외할아버지의 이력을 기재하여 조정에 보고해야 했는데 이를 처녀 단자라고 합니다. 조정에서는 이 처녀 단자를 기초로 집안의 가계, 외모 등을 보고 최종적으로 한명을 뽑았습니다. 그러나 조선 시대에는 엄격한 유교 질서에 의해 동성혼을 금했기 때문에 이씨는 본관을 불문하고 제외되었습니다.

간택은 보통 왕실의 어른인 대비가 주관했으며 왕비감을 미리 정해놓고 간택한 경우가 많았습니다.

　간택은 초간택, 재간택, 삼간택으로 이루어지고, 마지막 단계인 삼간택에 올라간 3명의 후보 중에 한 명이 왕비나 세자빈으로 낙점되며 나머지 후보 둘은 평생을 혼자 살거나 후궁이 되기도 했습니다.

　최종으로 낙점된 처녀는 별궁에 들어가 왕비가 되기 위한 궁중 예절 등을 일정

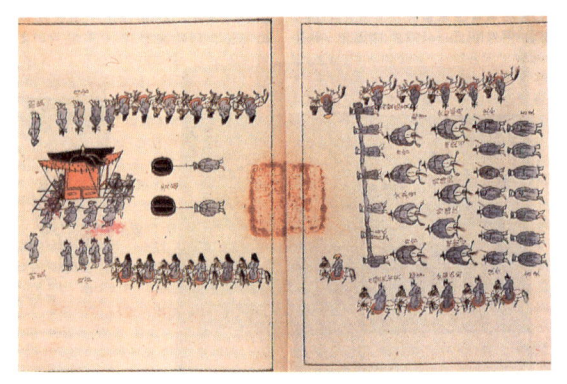

가례도감의궤 조선 시대 국혼의 절차를 적은 책. 행렬도 부분.

기간 교육 받았습니다. 교육이 끝나면 정식으로 혼례를 치르고 왕비나 세자빈이 되었습니다.

왕비의 친가에는 여러 가지 혜택이 주어졌으며 왕비의 아버지는 부원군, 어머니는 부부인이라 봉해졌으며 왕비의 고향은 행정 단위를 승격시켜 주었습니다. 이렇게 왕비가 되면 궁중 여인들을 통솔하는 최고의 지위에 오르게 됩니다.

왕비는 혼례를 치르고 종묘에 고해지며, 자신의 소생이 왕이건 아니건 간에 대왕대비, 왕대비 등으로 불리며 어른으로서 대우를 받았고 종묘에 그 신위가 안치되었습니다.

또, 중국에 보고하여 승인을 받아야 했습니다. 조선 시대에는 중국과의 관계로 인해 왕, 왕비, 세자 책봉 등의 중요한 일은 중국에 알려 그것을 승인하는 문서와 증표의 인장을 받아왔는데 이것을 고명책인이라 합니다.

또 왕은 왕비 이외에 여러 명의 부인을 둘 수 있었는데, 이들을 후궁이라 부르고 조선 초기에는 후궁들을 뽑을 때에도 전국에 금혼령을 내리고 간택 선발했으나, 후기에 후궁 간택은 사라졌습니다.

양반집에서 왕비 간택을 피한 이유

　양반이 자신의 딸을 왕비로 궁궐에 들여보낸다는 것은 가문의 영광과 앞날을 보장 받는 일이었습니다.
　하지만 정치적 의도를 갖지 않은 대부분의 양반들은 왕비를 뽑는 간택에 참여하는 것을 몹시 싫어했습니다.
　왜냐하면 왕비로 간택되기 위해서는 세 번에 걸친 간택 의례에 참여해야 했으며, 간택에 참여하기 위해 딸의 옷차림은 물론, 유모와 몸종의 옷차림에도 신경을 써야 했고, 궁궐을 오가는 가마까지 새로 장만해야 하는 등 경제적으로 큰 부담을 주었기 때문입니다.
　또 왕비가 될 경우, 후일 궁궐 내의 권력 투쟁에 휘말리게 되면 가문의 영광은 찾지도 못하고, 오히려 가문이 멸망하는 상황이 올 수 있는 것도 이유가 되었습니다.
　이렇기 때문에 양반집에서는 왕비 간택에 의한 금혼령이 내려지기 전에 서둘러 딸을 혼인시키는 일이 많았습니다.

조선 시대 **궁궐 사람들의 숨은 이야기**　왕비와 세자빈에 관한 *이야기*

왕비가 임신을 하면 무엇을 먹었을까?

　태교란 임신 중인 아이가 올바른 품성을 지니도록 하는 마음가짐과 행동을 의미합니다. 나쁜 일은 하지 말고, 보지도 듣지도 말며, 좋은 음악을 듣고 좋은 책을 읽습니다.

　또한 적당한 운동을 하고, 편안한 마음을 갖도록 노력해야하며, 그 중에서도 음식물의 바른 섭취가 매우 중요합니다. 그것은 음식이 아기의 두뇌에 결정적인 영향을 미치기 때문입니다.

　어머니 뱃속에 있는 10개월이 출생 후 10년보다 아기에게 더 중요하다고 합니다.

　사람의 뇌는 160억 개 가량의 뇌 세포로 이루어져 있는데, 140억 개 가량의 뇌 세포가 어머니 뱃속에서 만들어집니다. 그러므로 뇌뿐만 아니라 신체의 모든 기관이 형성되는 이 시기에 적절한 영양분이 공급되어야 합니다.

　태교 음식은 태아의 건강 뿐만아니라 정서적인 면에서도 영향을 주기 때문에 궁궐에서는 왕비가 임신을 하면 여러 가지를 따져 몸에 좋은 음식만을 먹었습니다.

청태 콩을 넣은 송편

우리 선조들은 눈, 코, 입, 귀, 몸의 감각을 통해 멋스러운 소나무의 정기를 느껴 왔습니다.

소나무는 간 기능을 튼튼하게 해 주며 눈을 밝게 해 주는 기운을 가진 나무입니다. 임산부가 소나무 숲을 산책하며 솔잎 향기를 맡으면 심신의 피로가 풀리고, 머리가 맑아짐을 느낄 수가 있습니다.

솔잎을 얹어서 찐 송편은 뇌를 튼튼히 하는 음식으로, 송편에 겉은 검고 속은 파란 청태를 넣어 만듭니다. 청태콩에는 레시틴이라는 물질이 많이 있어 뇌를 활성화시키는 작용을 합니다.

순무로 만든 죽

무와 비슷한 순무는 오장을 이롭게 하고 몸이 가벼워지며 기력을 도와 주는 식품으로 임산부의 몸을 보호하기 위하여 순무죽을 쑤어 주었습니다.

순무죽은 순무를 삶아서 말리는 과정을 세 번 반복한 후, 마른 순무를 가루로 내어 쌀과 함께 죽을 쑤어 임신한 왕비의 보양식으로 이용했습니다. 또 입덧에는 순무짠지가 효능이 있다고 합니다.

죽순을 이용한 음식

죽순은 해삼, 전복과 함께 조리하여 임신한 왕비에게 주었는데, 죽순 속에는 티

로신이라는 성분이 있어 태아의 두뇌를 총명하게 해 준다고 합니다.

죽순, 송이버섯, 박, 상추, 왕새우 말린 것을 참기름에 볶아서 후추로 양념하여 임신한 왕비에게 올렸는데, 기름에 볶지 않고 한지에 두 번 싸서 황토를 발라 굽기도 했습니다.

죽순 요리에는 전복이 반드시 들어갔는데, 전복은 태아의 시력 발달을 돕습니다. 실제로 전복을 먹고 태어난 왕자는 시력이 무척 좋았다고 전해집니다. 또한 꿀에 재어둔 죽순 역시 왕비의 간식으로 많이 이용되었습니다.

잉어와 붕어의 황토 구이

붕어는 궁중 연회 음식에 애용되기도 하고 임신한 왕비의 태교 음식으로 많이 먹었습니다. 또 잉어의 눈만 고아서 먹으면 아기를 낳은 후 젖이 많이 난다고 합니다.

잉어나 붕어의 내장을 빼내고 전복, 석이버섯, 해삼, 잣을 양념하여 잉어의 뱃속에 넣고 실로 꿰맨 다음, 한지로 두 겹을 싼 후 황토를 발라 황토 구이를 합니다.

황토에 열을 가하면 원적외선이 나와 음식의 맛을 더해 주고 해독하는 기능이 생긴다고 합니다.

또한 잉어와 닭을 함께 고아낸 용봉탕도 보신 음식으로 널리 알려져 있습니다.

석이버섯잡채

석이버섯은 산세가 험한 절벽 바위에 붙어서 자라는 버섯입니다. 석이버섯잡채를

맛있게 하여 현종 임금의 기력을 되찾아 준 사람이 말단 별장 벼슬에서 참판 벼슬로 승진한 일화가 전해 내려오기도 합니다.

또한 석이버섯으로 만든 석이단자는 조선 시대 궁중 연회에 빠지지 않고 오르는 음식이었으며, 왕비의 중요한 태교 음식이기도 했습니다. 임산부가 석이버섯을 먹으면 힘이 센 장사 아기를 출산한다고 합니다.

굴무밥(석화비빔밥)

굴은 기운을 북돋우는 식품인 동시에 신경안정에 도움을 주는 것으로 알려져 있습니다.

예로부터 사위가 처가에 오면 씨암탉을 잡아 대접했는데, 이것은 일반 백성들의 집에서 행하는 풍습이었고, 왕가나 사대부 집안에서는 돌굴무밥을 비벼서 대접했다고 합니다.

돌굴무밥은 가을무를 채 썰어 무쇠 솥에 깔고 쌀을 얹은 다음 물을 붓습니다. 밥이 끓으면 돌굴을 넣고 뜸을 들여 갖은 양념으로 비벼 먹습니다.

돌굴무밥도 가을이나 겨울에 임신한 왕비에게 제공되는 태교 음식이었습니다.

콩 음식

콩과 콩기름은 두뇌를 활성화시키는 역할을 하고, 검정콩, 청태는 해독 작용이 뛰어납니다. 또한 변비를 없애는 역할도 하며, 두부, 된장, 청국장, 콩강정, 콩다식, 콩

시루떡, 콩인절미, 콩죽, 콩국, 콩밥 등 다양하게 음식에 이용되었습니다.

콩 속에는 두뇌를 총명하게 해 주는 단백질이 있어 콩은 임산부의 대표적인 태교 음식이었습니다.

물엿과 식혜, 약과

맥아당은 두뇌의 활성을 돕는 레시틴이 많이 들어 있는 당분입니다.

맥아당이 많이 들어 있는 식품으로는 엿기름을 들 수 있는데, 이 엿기름으로 식혜와 물엿을 만들어 먹으면 머리가 좋아진다고 합니다. 그래서 임신한 왕비의 간식으로 물엿을 넣어 만든 콩강정, 검정깨강정 등을 많이 이용했으며 식혜도 간식으로 자주 이용되었습니다.

약과 역시 임신한 왕비의 간식이었습니다.

곡식의 새싹은 생명력이 강합니다. 그 중 보리싹은 기를 북돋워 주는 식품이었습니다. 보릿가루에 찹쌀가루를 섞고 목청이나 석청을 넣어 튀겨낸 약과를 꿀에 재었다가 왕비의 간식으로 애용하였습니다.

약과

왕비가 임신 했을 때 멀리한 음식

동의보감, 규각총서, 의방유치, 태교신기 등의 문헌에 의하면 임신 중 먹으면 안되는 음식이 있었습니다.

그 내용과 이유를 알아보면 다음과 같습니다.

• 게 : 아기를 옆으로 낳고, 어혈을 풀어 주는 성질이 있어 유산을 일으킬 수 있다고 합니다.

• 닭고기 : 피부가 닭살처럼 되고 풍기가 생긴다고 합니다. 또 닭고기, 달걀, 찹쌀을 한꺼번에 먹으면 촌충이라는 기생충이 생긴다고 합니다.

• 메밀 : 소화가 잘 되지 않고 유산이 된다고 합니다.

• 염소고기 : 아기에게 태열이 많이 생기고 머리와 눈썹이 희어지며 아기의 성질이 염소처럼 급해진다고 믿었습니다. 또 산양고기를 먹으면 아이의 목소리가 좋지 않아진다고 생각했습니다.

• 오리고기 : 아기를 거꾸로 낳고, 손발이 차가워지며 아이의 목소리를 좋지 않게 합니다.

• 오징어 : 아기의 뼈가 약해지고 비늘 없는 고기를 먹으면 난산한다고 합니다.

• 율무 : 율무의 기운이 아이를 유산시킨다고 합니다.

이밖에도 노새고기, 개고기, 토끼고기, 자라, 새알, 마늘과 부자, 사향, 칡, 계피 등을 멀리했다고 합니다.

조선 시대 궁궐 사람들의 숨은 이야기 — 왕비와 세자빈에 관한 이야기

현모양처형 왕비는 누구?

소헌왕후(1395~1446)

소헌왕후 심씨는 조선 제4대 왕 세종의 비로, 아버지 청천부원군 심온과 어머니는 순흥 안씨 소의공 안천보 사이에서 태어난 딸입니다.

소헌왕후는 1408년(태종 8)에 충녕(세종)과 가례를 올리고 경숙옹주에 봉해졌고, 1417년에 삼한국대부인에 봉해졌습니다. 1418년 4월 충녕이 왕세자에 오르자 경빈에 봉해졌고, 8월에 세종이 즉위한 뒤, 11월 정식으로 공비(恭妃)로 봉해졌다가 1432년(세종 14)에 왕비로 다시 봉해졌습니다.

박은이 사실이 아닌 일을 거짓으로 꾸며 기관에 고발해서 강상인의 옥사가 발생했을 때 아버지 심온이 주모자로 몰렸습니다. 그때 명나라 사은사로 갔던 심온은 귀국하자마자 의주에서 체포되고 압송되었는데, 수원에서 스스로 목숨을 끊었습니다. 이런 기가 막힌 사건이 터지자 어머니 안씨는 관노비가 되었다가 후에 그 신분을 다시 찾았습니다.

이렇게 아버지가 역적으로 몰리자 소헌왕후 심씨는 왕후의 지위가 위태로웠습니다. 그러나 비로서 내조의 공이 크고, 자녀를 많이 낳아 왕실의 안정에 공이 있다고 해서 무사했답니다. 문종과 세조 등 8남 2녀를 낳았으나 광평대군과 평원대군은 어릴 때 세상을 떠나고 말았습니다.

1446년 소헌왕후 심씨가 52세로 세상을 떠나자 헌릉에 장사지냈고, 뒤에 세종의 능인 영릉으로 이장했습니다.

소헌왕후 심씨는 이렇게 세종의 비로서 어질고 인자하며 성스럽고 착해서 만인의 표상이 되고 존경받았답니다.

의인왕후(1555~1600)

의인왕후 박씨는 조선 제14대 왕 선조의 비로, 아버지 번성부원군 나주 박씨 박응순과 어머니 이씨 사이에서 태어난 딸입니다.

의인왕후는 1569년(선조 2) 15세에 왕비로 책봉되어 가례를 올렸습니다. 그러나 선조는 가례를 올리기 전에 대궐 안의 음식을 만들던 소주방 나인이었던 김씨에게 특별한 은혜를 내렸습니다.

그 후, 의인왕후는 아이가 생기지 않았지만 나인이었던 김씨가 임해군과 광해군을 낳았습니다. 그러자 나인 김씨는 '소용'의 품계를 받아 후궁이 되었습니다. 선조에게 특별한 은혜를 받은 후궁들은 자기가 낳은 아들을 세자로 올리려고 치열하면서도 은밀하게 싸움을 벌였습니다. 그러나 아이를 낳지 못한 의인왕후는 자기 신세만 한탄하면서 모르는 척하고 지내야 했습니다. 그렇지만 성품이 온화하고 덕이 후한 의인왕후는 후궁들의 아이들을 보살피고 그들에게도 관대해서 '살아있는

관음보살'이라고 불렸답니다.

　1592년 임진왜란이 터지고 일본군이 승승장구하며 한양으로 쳐들어오자 선조는 총애하던 인빈 김씨와 피란을 떠나고, 의인왕후 박씨는 혼자 피란길에 올랐습니다. 선조가 이렇게 인정 없이 모질게 대하자 의인왕후는 마음고생이 심했습니다. 그 고생은 임진왜란이 끝나자 병이 되어 앓아눕고 말았습니다.

　그 후, 의인왕후 박씨가 1600년(선조33) 6월에 46세로 세상을 떠나자, 동구릉 묘역의 목릉에 선조를 가운데로 하고 인목왕후 김씨와 좌우에 나란히 묻혔답니다.

효의왕후(1753~1821)

　효의왕후 김씨는 조선 제22대 왕 정조의 비로, 아버지 좌참찬 김시묵과 어머니 남양 홍씨 사이에서 태어난 딸입니다.

　효의왕후는 1762년(영조 38) 10세 때 세손빈에 책봉되고, 정조의 어머니 혜경궁 홍씨를 잘 섬겨 영조의 총애를 받았습니다. 1776년 정조가 왕위에 오르자 왕비로 책봉되었지만 그러나 아이를 낳지 못했습니다. 그러다가 1790년(정조 14) 수빈 박씨가 아들을 낳자 왕세자로 삼았습니다.

　효의왕후 천성이 공손하고 온후해서 60세가 넘어서도 영조의 계비 정순왕후 김씨와 혜경궁 홍씨를 잘 받들어 모셔서 만인의 칭송을 받았습니다.

　또한 효의왕후는 일생을 검소하게 지냈고, 수차에 걸쳐 존호가 올려졌으나 모두 거절했습니다. 그리고 1820년(순조 20) 68세가 되어 여러 대신들이 하수연을 베풀고자 했으나 사양했습니다. 존호란 왕이나 왕비의 덕을 기리기 위해 올리던 칭호를 이르고, 하수연이란 장수를 축하하는 잔치를 이르는 말이랍니다.

1821년 69세에 세상을 떠난 효의왕후 김씨는 건릉에 정조와 함께 묻혔답니다.

인현왕후(1667~1701)

인현왕후 민씨는 조선 제19대 숙종의 계비로, 아버지 여양부원군 민유중과 어머니 은성부부인 송씨의 딸입니다.

인현왕후는 숙종의 정비 인경왕후가 죽은 1년 뒤인 1681년 계비가 되었습니다. 계비란 왕이 다시 장가를 가서 맞은 아내랍니다.

숙종은 후궁 희빈 장씨의 미색에 빠져 인현왕후를 멀리했고 장씨가 왕자 윤(경종)을 낳자 윤을 세자로 책봉하려 했습니다. 이 문제로 1689년 기사환국이 일어나 서인이 밀려나자, 인현왕후는 폐위되어 궁중에서 쫓겨나 서민이 되었습니다. 서민이란 아무 벼슬이나 신분적 특권을 갖지 못한 일반 사람을 말합니다.

얼마쯤 지나 숙종은 장씨에 대한 애정이 식자 인현왕후를 폐위시킨 것을 후회했습니다. 그래서 숙종은 인현왕후를 1694년의 갑술옥사 이후에 다시 불러들여 왕후의 신분을 되찾아 주었습니다.

그 후, 인현왕후 민씨는 세상을 떠나 명릉에 숙종과 함께 묻혀 있답니다.

인현왕후 민씨는 비록 아이를 낳지 못하고 세상을 떠났지만 예의 바르고 정숙했답니다. 이런 인현왕후를 주인공으로 해서 궁녀가 쓴 소설 《인현왕후전》이 전해집니다.

《사씨남정기》

　《사씨남정기》는 《남정기》라고도 하는데 한글로 지은 고대 소설입니다. 언제 지었는지 확실한 연대는 알 수가 없습니다. 다만 숙종이 계비 인현왕후 민씨를 폐위시키고 희빈 장씨를 왕비로 맞아들이는 데 반대하다가 남해도로 유배를 간 서포 김만중이 흐려진 왕의 마음을 참회시키려고 이 작품을 썼다고 합니다. 그러니까 1689년(숙종 15)에서 김만중이 세상을 떠난 1692년(숙종 18) 사이에 썼을 것으로 짐작하고 있습니다.

　이 소설의 내용은 다음과 같습니다.

　중국 명나라 때 유현의 아들 연수는 15세에 장원급제해서 한림학사가 됩니다. 그 후, 한림은 정숙하고 덕이 많으며 재주와 학식도 갖춘 사씨와 혼인합니다. 그러나 9년이 지나도록 아이가 없자 첩으로 교씨를 맞아들입니다. 시기심이 많고 요사한 교씨는 사악한 간계를 써서 사씨를 모함해 내쫓고 자기가 그 자리를 차지합니다. 그 후, 교씨는 남몰래 만나는 남자와 일을 꾸며 남편 유한림을 조정에 모함해 유배 보냅니다. 그런 다음 재물을

사씨남정기

챙겨 남몰래 만나는 남자와 도망치다가 도둑에게 모든 재물을 빼앗기고 맙니다. 그즈음 유한림은 모든 혐의가 풀려 유배지에서 나와 사씨를 찾아 다시 맞아들이고 교씨와 남몰래 만나는 남자를 잡아 처형합니다.

이 소설의 배경은 중국이지만 내용은 희빈 장씨에게 푹 빠진 숙종이 인현왕후를 내쫓은 것을 풍자한 것입니다.

이 소설에 나오는 인물 중 유한림은 숙종을, 사씨 부인은 인현왕후 민씨를, 시기심이 많고 요사한 첩 교씨는 희빈 장씨를 각각 대비시킨 것입니다. 숙종은 한글을 한문으로 번역한 이 소설을 보고 마음을 바꾸어 인현왕후 민씨를 데려와 신분을 되찾아 주었다는 이야기도 있답니다.

궁녀와 내시에 관한 이야기

조선시대 궁궐 사람들의 숨은 이야기 — 궁녀와 내시에 관한 이야기

궁녀들은 어떤 일을 했을까?

궁궐 안에서 임금을 비롯한 왕족들의 시중을 전담하는 여자들을 궁녀라고 불렀습니다. 즉, 궁녀는 궁중에서 일하는 모든 여성 관리들을 뜻합니다.

궁녀는 일반적으로 상궁과 나인 만을 의미하지만 넓게는 여러 가지 잡일을 하는 무수리, 비자, 의녀 등도 모두 궁녀에 포함됩니다.

궁녀들은 정5품 상궁에서 종9품 주변궁까지 10등급으로 나뉘어졌으며, 소속에 따라 지밀, 침방, 수방, 세수간, 생과방, 소주방, 세답방 등 7개로 나누어 일을 하였습니다.

궁녀들은 대전, 중궁전, 동궁전, 대비전 등에서 각각 별도로 뽑아서 일하도록 하였습니다

지밀상궁

대궐에서 가장 지엄하고 중요하며, 말 한마디 새어 나가지 못한다는 뜻으로 불려지는 지밀은 상궁 중에서 수석 상궁으로 전체 궁녀의 우두머리 격입니다.

궁녀 윤비와 함께 있는 나인들의 모습

지밀상궁은 조정 대신들도 함부로 대하지 못할 정도로 위세가 대단했으며, 왕과 왕비의 신변 보호 및 의식주에 이르기까지 일체의 시중을 책임지고 있는 여인들입니다.

지밀상궁은 문학적 재능도 뛰어나 시조는 물론 문장도 잘 지었습니다. 《계축일기》와 《인현왕후전》을 지을 정도로 학문적인 능력도 있었습니다.

이들 중에는 왕의 시중을 들다가 미모가 뛰어나서 왕이나 세자의 승은을 입기도 했으며, 운이 좋으면 후궁은 물론이고 중전까지 오를 수 있는 기회가 있었습니다.

지밀상궁 중 4명은 왕이 잠을 잘 때, 방의 네 귀퉁이에 서서 왕이 잠을 깰 때까지 지키고 서 있기도 했습니다.

소주방상궁

소주방은 왕과 왕비의 침전 가까이 있었습니다. 내소주방은 아침 저녁으로 임금의 수라를 장만하던 곳이고, 외소주방은 궁중의 크고 작은 잔치에 다과와 음식을 만들던 곳입니다.

주방을 책임지는 주방상궁이 되려면 열세 살에 궁중에 들어와 스승을 정하여 20년 동안 교육을 받고 마흔 살 정도가 되어야 주방상궁의 자격이 주어집니다. 주방

상궁은 평생 동안 소주방에서 음식 만드는 일을 하였습니다.

궁중에는 주방상궁 말고도 음식을 담당하는 남자, 곧 내시인 전문 요리사가 있어서 궁중의 잔치 음식을 도맡아서 하였으며, 이들을 '대령숙수'라고 불렀습니다.

솜씨가 좋은 숙수들은 대부분 대를 이어가며 궁에 머물렀고, 왕의 총애도 많이 받았습니다.

조선 말에 나라가 망하게 되자, 궁중의 숙수들이 시중의 고급 술집인 요정으로 빠져 나가서 일을 하는 경우도 있었는데. 이로 인해 궁중의 연회 음식이 일반에도 널리 알려지게 되었습니다.

다른 궁녀로는 문서를 전달하는 비자, 나인들의 전속 하녀인 방아이, 내의원이나 혜민국에서 일하는 의녀 등이 있습니다. 특히 의녀는 간호사나 약사의 임무 뿐만 아니라, 요즘의 여자 경찰이나 여자 교도관과 같은 여성 범죄자를 관리하는 업무도 담당하였습니다.

궁녀는 나이가 네 살이나 다섯 살이 되었을 때 궁궐로 들어오게 됩니다. 그러나 간혹 열 살 넘어 궁궐로 들어오는 경우도 있었습니다.

궁녀로 궁궐로 들어오기 위해서는 친척 중에 전염병이 든 사람이나 죄인이 없어야 하고, 첩의 자식인 서녀도 궁궐로 들어갈 수 없었습니다.

어린 딸을 궁궐로 보낸 부모는 빨랫감을 내가고 버선을 넣어 주는 등 일체의 뒷바라지를 했습니다.

입궁 후 15년 정도 지나면 관례를 치르며, 이는 성년식이자 신랑 없는 결혼식이었습니다. 그러다 왕의 눈에 띄어 승은을 입게 되면 더 이상 궁녀가 아니라, 후궁으로 승격되고 숙원에서 빈까지 올라갈 수도 있었습니다.

임금의 눈에 띄어 승은을 입는 것은 궁녀들 일생의 꿈이며 정말 꿈만으로 끝나는 경우가 대부분이었습니다.

궁녀는 궁궐에서 죽을 수가 없었습니다. 늙고 병들어 더 이상 궁녀로서 임무를 할 수 없게 되면 대궐을 나가 본가로 돌아갔습니다.

상궁들은 벼슬에 따라 월급으로 쌀과 옷감을 받아서 일반 백성들보다 훨씬 풍요로운 생활을 했습니다. 그래서 이들은 외출할 때, 너울을 쓰고 말을 타며 장삼을 입었습니다.

이 밖에 왕과 왕비의 각종 의복을 만드는 침방상궁은 높은 분들의 모든 옷을 직접 만들었습니다. 수방상궁은 궁중에서 사용되는 장식물에 수를 놓는 일을 하는 상궁들입니다. 세수간 상궁은 왕과 왕비의 세숫물과 목욕물을 준비해서 바치고 요강, 침그릇, 변기 등의 시중을 담당하는 일종의 위생담당 상궁을 말하며, 생과방상궁은 왕의 수라나 음료 및 과자, 술, 떡을 만드는 곳에서 일하는 상궁을 말합니다.

끝으로 세답방 상궁은 세탁, 다듬이질, 다리미질, 염색까지 담당하던 부서에서 근무하는 상궁을 말합니다.

대장금

우리가 알고있는 대장금(大長今)의 본명은 서장금 (徐長今)입니다. 출생 연도, 출생 배경 등 상세한 활동 내용은 전해지지 않지만《조선왕조실록》에 중종(中宗)의 총애를 받은 천민 출신의 의녀(醫女)로 기록되어 있습니다.

대장금은 중종의 어의녀, 곧 중종의 주치의 역할을 했다고 하는데, 이는 기록에 등장하는 많은 의녀들 가운데 유일무이한 것입니다. 특히 천민 신분의 의녀로서 수많은 남자 의관(醫官)들을 제치고 왕의 주치의가 되었다는 것은 당시 남존여비의 엄격한 관료 체제 아래서는 생각조차 할 수 없는 일이었습니다.

후에는 본명인 서장금의 성(姓)에 '큰' 또는 '위대한'을 뜻하는 '대(大)'를 써서 대장금이라는 칭호를 받았습니다.

의술뿐 아니라 요리에도 뛰어났다고 전해집니다.

드라마 때문에 아시아의 스타가 됐어요.

조선 시대 궁궐 사람들의 숨은 이야기   궁녀와 내시에 관한 이야기

궁녀들은 월급을 얼마나 받았을까?

조선 시대는 신분제 사회입니다. 그러니 근로자라고 해도 신분에 따라 보수 체계가 다르고 지급 형태도 달랐습니다. 당시 최고 신분층인 양반 관료들은 임진왜란 이전에는 쌀과 콩 등으로 주는 현물 봉급인 녹봉과 함께 토지인 과전을 받았습니다. 그 후, 국가의 토지가 부족해지자 과전은 못 받고 녹봉만 받았습니다. 이 녹봉은 1품부터 9품에 이르는 품계에 따라 차등해서 주었습니다. 조선 전기에는 녹봉을 봄, 여름, 가을, 겨울 계절에 한 번씩 지급하다가 조선 후기에는 월급제처럼 매달 주었습니다.

그러나 궁녀들은 조선 시대 전기부터 후기까지 월급제였습니다. 이런 궁녀들의 월급은 조선 시대 내내 큰 변동이 없었을 것입니다. 이는 양반 관료들의 월급 체계를 규정한 조선 전기의 《경국대전》과 조선 후기의 《속대전》의 규정이 거의 변화가 없었기 때문에 궁녀들의 월급 체계도 그러했을 것이라고 보기 때문입니다.

연산군 5년(1499)에 신승선 등이 편찬한 성종이 왕으로 지낸 25년 동안을 기록

한 《성종실록》을 보면, 궁녀인 상궁과 시녀뿐만 아니라 이들의 하인격인 방자, 파지, 무수리 수모 등도 다 월급을 받았습니다.

궁녀들이 받는 보수에는 의전, 선반, 삭료 세 가지가 있었습니다.

의전이란 1년에 봄과 가을 두 차례 궁녀에게 주었던 옷값을 이르는 말입니다. 궁녀들은 여성이니 옷이나 치장에 들어가는 비용이 적지 않을 것이니 그 비용을 대준 것입니다.

선반이란 궁중에서 근무하는 사람들에게 주는 식사를 이르는 말입니다. 조선 시대의 선반은 당상관은 밥그릇 위로 수북하게 담아 주고, 당하관은 밥그릇에 평평하도록 담아 주었는데, 그 양은 약 한 되로 계산되었습니다. 당상관이란 조선 시대에 둔, 정3품 상(上) 이상의 품계에 해당하는 벼슬아치를 통틀어 이르는 말입니다. 그리고 당하관이란 정3품 하(下) 이하의 품계에 해당하는 벼슬아치를 통틀어 이르는 말입니다.

옷값인 의전과 밥값인 선반은 요즘의 복리후생비와 같다고 볼 수 있답니다.

삭료란 매달 주는 봉급, 즉 월급을 이르는 말입니다. 궁녀들에게 삭료 이외의 의전과 선반도 주었다는 것은 월급 이외에도 옷값과 함께 근무 중의 식사까지 주었다는 말입니다.

그렇다면 궁녀들은 과연 월급을 얼마나 받았을까요?

고종 32년(1895년) 기록에서 궁녀들에게 준 월급 내용을 보면, 상궁과 시녀로 구별되어 있고 월급은 현물로 지급되었습니다. 월급으로 준 현물 내용은 쌀과 콩, 북어 세 가지였습니다. 쌀과 콩은 식사용이고 북어는 반찬용이랍니다.

그런데 월급 항목은 공상(供上)과 방자(房子)로 나뉘어져 있습니다.

공상은 궁녀들에게 지급되는 월급 중 기본급입니다. 이 공상은 직급과 근무 연수에 따라 온공상, 반공상, 반반공상 세 가지로 나누어 주었습니다. 공상은 차별해서 주기는 했지만 기본급이어서 모든 상궁과 시녀들에게 주었습니다.

이에 비해 방자는 직급이 높고 특별한 직무를 맡은 일부 상궁과 시녀들이 기본급의 월급 이외에 별도로 받아 하인격인 방자 등을 쓸 수 있는 비용이었습니다. 일종의 직급이나 직무 수당이었습니다.

이처럼 조선 시대 궁녀들의 월급도 지금과 마찬가지로 기본급과 수당으로 구성되어 있답니다.

기본급인 공상 중에서 온공상은 쌀 7말 5되, 콩 6말, 그리고 북어 50마리였습니다. 반공상은 온공상의 절반쯤으로 쌀이 5말 5되, 콩이 3말, 그리고 북어 25마리였습니다. 반반공상도 반공상의 절반쯤으로 쌀 4말, 콩 1말 5되, 북어 13마리였습니다.

직급 또는 직무 수당에 해당하는 방자는 온방자와 반방자 두 가지였습니다. 온방자는 매달 쌀 6말에 북어 20마리였습니다. 반방자는 온방자의 절반으로서 쌀 3말에 북어 10마리였습니다.

궁녀들 중에서 가장 월급을 많이 받는 궁녀는 제조상궁이었습니다. 제조상궁은 조선 시대에 내전의 어명을 받들고 내전의 모든 재산을 총괄해 맡아보던 상궁으로, 상궁 중에 지위가 가장 높았답니다.

제조상궁은 최고의 기본급인 온공상에 최고의 수당인 온방자 3을 받아서 매달 쌀 25말 5되, 콩 6말, 북어 110마리를 받았습니다. 이를 합치면 매달 곡식만 31말 5되를 받은 것이랍니다. 이에 비해서 가장 적은 월급을 받는 궁녀는 최하의 기본급

인 반반공상만 받고 수당은 못 받아서 매달 쌀 4말, 콩 1말 5되, 북어 13마리를 받았습니다. 가장 월급을 많이 받는 제조상궁과 비교하면 이 궁녀의 월급은 5분의 1쯤밖에 안 된답니다.

상궁은 5품에 불과하지만 제조상궁은 당상관 이상의 양반 관료보다도 더 많은 월급을 받았습니다. 상궁과 시녀들이 식사용으로 받는 쌀과 콩이 양반 관료보다 적다고 해도 반찬용으로 받는 북어가 있으니 궁녀들의 월급은 적지 않았던 것입니다. 이는 지위가 가장 낮은 궁녀들은 매달 곡식으로 5~6말을 월급으로 받았지만, 기본급 이외에 수당과 옷값에다 밥값도 받았습니다. 여기에다 특별 수당까지도 수시로 받았기 때문입니다. 고종이 연말에 궁녀들에게 준 특별 수당을 보면 적지 않았다는 것을 잘 알 수 있습니다. 상궁들에게는 각각 쌀 2섬과 돈 40원, 시녀들에게는 쌀 2섬과 돈 20원을 주었으니까요.

옛날 시골에서 1년에 쌀농사를 지어 10가마를 남기면 웬만큼 사는 집이었답니다. 대부분이 지주의 땅을 빌려 농사를 짓는 소작농이었습니다. 그러니 그들이 세금 떼고, 도지 떼고 나서 쌀 10가마를 남기는 것은 쉽지 않았기 때문입니다. 쌀 10가마면 대여섯 식구가 1년 동안 배는 곯지 않고 살 수 있었답니다.

그런데 궁녀로 궁중에 들어가기만 하면 1년에 적어도 10가마의 곡식이 보장되었습니다. 게다가 시간이 흘러 상궁이라도 되면 매년 쌀 수십 가마를 받을 수 있는 것입니다. 그러니 조선 시대 가난한 부모들이 딸을 궁녀는 물론이고 궁녀의 하인격인 방자나 무수리로라도 들여보내려고 안간힘을 썼을 것입니다.

그렇다면 궁녀들의 하인격인 방자, 파지, 무수리, 수모 등은 월급을 얼마나 받았을까요?

고종 3년 때 기록 중에서 이들에게 준 월급 내용을 보면 알 수 있습니다. 이 문서에는 상궁과 시녀들뿐만 아니라 방자, 파지, 무수리, 수모 등의 월급 액수가 명시되어 있기 때문이다.

궁녀의 하인격인 이들은 월급을 기본급만 받았습니다. 이들 중 가장 힘든 노동을 하는 무수리가 월급을 가장 많이 받았고, 노동량이 가장 적은 방자가 월급을 가장 적게 받았습니다.

또 반찬용으로 받은 생선이 궁녀들처럼 북어가 아닌 대구어였습니다. 이것을 보면 생선은 북어나 대구어 중에서 형편이 되는 대로 나라에서 주었을 것이라고 생각됩니다.

방자, 파지, 무수리, 수모 등은 상궁이나 시녀인 궁녀들의 하인격이지만 월급은 최하위의 기본급인 반반공상만 받는 시녀보다는 오히려 많았습니다. 반반공상만 받은 시녀의 기본급이 쌀 4말, 콩 1말 5되, 북어 13마리인데, 방자의 월급은 쌀 6말, 대구어 4마리로 쌀이 조금 많았습니다.

각각의 월급을 보면, 방자는 쌀 6말, 대구어 4마리를 받았습니다. 파지는 쌀 6말, 콩 1말 5되, 대구어 4마리를 받았습니다. 무수리는 쌀 6말, 콩 3말, 대구어 4마리를 받았습니다. 수모는 쌀 6말, 콩 1말 5되, 대구어 4마리를 받았습니다.

《경국대전》

　《경국대전(經國大典)》은 조선 시대에, 통치의 기준이 된 최고의 법전입니다. 조선을 세우면서 법전의 편찬에 착수해서 고려 말 이래의 각종 법령 및 판례법과 관습법을 수집해서 1397년(태조 6) 《경제육전》을 제정, 시행했습니다. 그 전에 왕조 수립과 제도 정비에 크게 기여한 정도전이 《조선경국전》을 지어 바친 일이 있었지만 개인의 견해에 그친 것이었습니다. 그래서 《경제육전》은 바로 수정되기 시작해서 태종 때에 《속육전》이 만들어지고, 세종 때에도 법전의 보완 작업이 계속되었습니다. 국가 체제가 더욱 정비되어 가면서 더욱 조직적이고 통일된 법전이 필요했던 것입니다.

　이렇게 해서 《경국대전》은 세조 때 최항, 노사신, 강희맹 등이 집필을 시작해서 성종 7년(1476)에 완성하고, 16년(1485)에 간행했습니다.

　여기에는 고려 말부터 조선 성종 초년까지 100년 동안 반포된 법령, 교지, 조례 및 관례 등이 기록되어 있습니다. 그 후 여러 차례 보완되지만 기본 골격은 유지하면서 조선 말기까지 계속 적용되었습니다.

《속대전》

　《속대전(續大典)》은 조선 영조 때의 문신 김재로 등이 왕명을 받아 1746년(영조 22) 편찬한 법전입니다.

　조선 초기에 편찬한 《경국대전》의 속전(續典)입니다. 《경국대전》이

후에 반포된 수교·조례 등이 복잡하게 되어 있어 그 해석과 시행에 어려움이 많아 1744년에 영의정 김재로 등이 왕명을 받아 《대전속록》·《대전후속록》·《수교집록》·《전록통고》 등을 검토하고, 교정하고, 수정하고, 여기에 다시 빠진 수교·조례 중 시세(時勢)에 맞는 것을 새로이 보충한 것입니다.

책의 편제는 《경국대전》의 예에 따라 이·호·예·병·형·공의 6전으로 분류하고 있습니다. 특징은 관대하게 형벌을 내린다는 것입니다. 영조는 당쟁탕평에도 힘쓴 임금으로, 《속대전》의 편찬에도 특히 형전(刑典)에 주안점을 두고 신중과 관용을 베풀었습니다. 그리고 조선 전기부터 형법은 명나라의 형법을 따라서 그 법을 적용할 때 모순이 많았습니다. 그래서 《경국대전》에서는 그러한 모순을 시정해서 우리 실정에 맞는 새로운 형률(刑律)을 보태고 형량(刑量)도 가볍게 했다는 것입니다.

《성종실록》

《성종실록(成宗實錄)》은 조선 제9대 왕 성종이 왕위에 오른 1469년 11월부터 1494년 12월까지 26년 동안의 사실을 있는 그대로 기록한 책입니다. 이 실록은 왕명을 받은 춘추관영사 신승선이 중심이 되어 1495년(연산군 1) 4월 춘추관에 실록청을 설치하고 6방으로 나누어 편찬해서 1499년(연산군 5) 2월에 완성했습니다.

조선 시대 **궁궐 사람들의 숨은 이야기** ─ 궁녀와 내시에 관한 이야기

궁녀들은 어떤 지위를 가지고 있었을까?

궁녀들이 하는 일이 각각 다르듯이 직위에 따라 입는 옷도 조금씩 달랐습니다.

먼저 나인이 되기 전 어린 나이의 견습 나인은 생머리를 길게 땋기 때문에 이들을 생각시라고 불렀습니다.

생각시의 머리는 곱게 빗어 뒤에서 두 가닥으로 땋은 다음 가지런히 말아 올려서 뒷머리 밑에 나란히 붙여 묶은 뒤, 댕기를 달고 다녔습니다.

입궁한 지 15년이 되어 나인이 되면 머리 모양이 달라졌습니다. 이때는 머리를 얹어 쪽을 쪘으며, 남치마에 옥색 저고리를 입었습니다.

상궁은 관직을 내린다는 내용을 적은 직첩을 받으면, 그날부터 머리에 개구리 모양의 첩지를 달았습니다. 첩지는 머리 가르마 가운데에 장식하는 노리개입니다.

상궁이 되기 전까지는 달 속에 있는 선녀님이라는 뜻으로 항아님이라고 부르며, 상궁이 되면 비로소 마마님이라는 호칭으로 불렸습니다. 상궁 첩지를 받으면 궁 안에 방을 하나씩 주어 따로 세간을 내어 주었습니다.

조선 시대는 왕뿐만 아니라 양반도 많은 부인을 거느릴 수 있는 일부다처제 사회였습니다. 특히 왕은 마음에 드는 궁녀를 부인으로 삼을 수 있었는데, 이러한 일을 '승은을 입었다.'고 했습니다.

궁녀가 승은을 입고도 자녀를 낳지 못하면, 특별히 하는 일 없이 왕의 곁에 있는 '특별상궁'으로 머물렀습니다. 그러나 자녀를 낳으면 종4품 벼슬의 숙원이 되었습니다.

궁녀가 왕의 승은을 입어 후궁이 되어서 받는 품계는 빈, 귀인, 소의, 소용, 숙용, 소원, 숙원 등이 있습니다.

이들에게는 그 품계에 따라 월급이 지급되었기 때문에, 궁녀를 부리면서 독립된 생계를 꾸릴 수 있었습니다. 또 별도로 밥짓고 빨래하는 하녀를 두고 살림을 하는데, 이 일을 하는 사람을 각방서리라 불렀습니다.

상궁은 제조상궁, 부제조상궁, 대령상궁, 보모상궁 등이 있었습니다.

제조상궁은 대전 어명을 받들고 내전의 크고 작은 행사를 주관했으며, 제조상궁에 대한 음식 대접은 임금님의 수라상과 가짓수를 같게 할 정도였습니다. 그만큼 상궁들 중에서 최고 상궁이라고 할 수 있습니다.

그리고 제조상궁이 궁궐을 출입할 때는 세수간나인과 심부름하는 이가 꼭 따라

다녔습니다.

다음으로 부제조상궁이 있었는데, 일명 아랫고(내전 금고)상궁이라고 하며 내전의 재정을 맡아서 관리했습니다. 보석과 의식주에 걸친 왕의 귀중품은 물론 수라에 쓰이는 은으로 만든 그릇과 자기 및 유기, 비단 등의 물품들을 챙기는 일을 했습니다. 부제조상궁은 제조상궁이 세상을 떠나면 그 자리를 이어갔습니다.

그 다음 대령상궁은 일명 지밀상궁이라고도 하는데, 잠시도 왕의 곁을 떠나지 않고 항상 왕의 주변에서 왕을 보살피는 일을 했습니다.

보모상궁은 왕의 자녀를 돌보는 나인들의 총책임자입니다. 세자가 머무는 동궁전에는 두 명, 그 밖의 궁에는 한 명씩 보모상궁이 있습니다.

이밖에 궁궐에서 특별한 이름이 없는 가장 미천한 궁녀가 바로 무수리였습니다. 무수리는 각 처소에서 물긷기, 불때기 등의 잡일을 도맡아 했습니다.

이들은 따로 뽑지 않고 민간의 아낙네들 중에서 나인들의 소개로 일을 했습니다. 대부분의 무수리는 출퇴근을 했으며, 결혼한 사람도 많았습니다.

원래 무수리는 고려와 조선 시대 궁중에서 나인들의 세숫물 시중을 들던 계집종을 가리키는 말입니다.

무수리와 관련된 인물로 가장 널리 알려진 사람은 영조의 어머니인 숙빈 최씨입니다.

대부분의 무수리는 출퇴근을 하는데 반해, 비자라고 불리는 여인들은 궁궐 안에서 생활했습니다. 비자는 각 처소 또는 상궁의 살림집에 소속된 하녀를 일컫는 말입니다.

궁녀 제도는 아주 오래 전부터 전해 내려온 것으로 추측됩니다 '의자왕이 신라

에 패하게 되자, 궁녀들이 이 바위로 달아나 스스로 강물에 떨어져 죽었다.'는《세종실록》의 기록으로 볼 때, 삼국 시대에 이미 궁녀가 있었음을 알 수 있습니다.

본격적인 궁녀 제도는 고려 시대 때 시작되었다고 합니다. 그 뒤를 이어 조선 시대 초기에 구체적인 규정과 체제를 마련하여 궁녀 제도를 정착한 것입니다.

이때 정비된 궁녀 제도는 조선 말까지 그대로 유지되었으며, 영조 때 이익이 지은《성호사설》에는 궁녀가 684명이라는 기록이 있습니다.

조선 시대 때 궁녀는 대개 10년에 한 번씩 선발하는 것이 관례였으며, 왕을 가까이서 모셔야 하기 때문에 궁녀의 선발 조건은 상당히 까다로웠습니다.

궁녀는 각 부서별로 뽑는 나이가 달랐는데 지밀은 네 살부터 다섯 살, 침방과 수방은 일곱 살부터 여덟 살, 그 외 부서는 열세 살 미만의 어린 나이였습니다.

궁녀에서 후궁이 된 인물

장희빈

왕자 균이 원자로 책봉됨에 따라 희빈으로 승격됩니다.
그 뒤 인현왕후가 폐위되고 원자의 세자 책봉 후 왕비에 책립되었지만, 인현왕후가 복위되자 다시 희빈으로 격하되었습니다.
숙종 27년(1701) 인현왕후가 죽자 인현왕후를 저주하고 복위를 꾀한 일로 사약을 받고 죽게 됩니다. 그 후, 숙종은 후궁이 중전이 되지 못하게 하는 법을 만들었습니다.

장녹수

원래 제안대군의 종으로 용모가 아름답고 가무(歌舞)를 잘했다고 합니다. 연산군의 눈에 띄어 숙원(淑媛)이 되었다가 연산군 9년(1503) 숙용(淑容)에 봉해졌습니다. 왕의 총애를 믿고 국사를 어지럽히며 재정의 궁핍을 초래하여 백성들의 원망을 샀으며, 3년 뒤 중종반정 때 참형당했습니다.

흑흑, 이 쓴약을…

인빈 김씨

인조의 아버지인 원종(元宗 : 추존)을 낳았습니다.

인빈 김씨의 신도비 내용에 의하면 김씨는 어릴 적부터 영리하고 용모가 뛰어났으며 부지런했다고 합니다.

선조비 의인왕후의 병수발을 극진하게 했으며 왕후가 승하하자 눈물로 염을 하여 칭송이 자자했다고 합니다.

선조 39년(1606)에 인빈으로 추존되었고 1608년 선조의 승하를 애통해 하면서 3년 상을 지낸 후 퇴궐하여 사가(私家)에서 일생 동안 치장을 하지 않았다고 합니다.

숙빈 최씨

숙종의 승은을 입어 무수리에서 숙원·숙의·귀인을 거쳐 정1품의 숙빈까지 오르게 됩니다.

숙빈 최씨는 첫아들을 낳았으나 바로 죽는 슬픔을 겪었고, 다음 해인 숙종 20년(1694)에 후일 영조대왕인 금을 낳습니다.

1718년 마흔여덟 살로 죽어 영조에 의해 육상궁에 모셔졌습니다.

정빈 이씨

영조의 첫번째 아들인 효장세자를 낳아 정빈으로 봉해진 정빈 이씨는 효장세자가 열 살의 나이로 병으로 죽자 그녀 역시 시름시름 앓다가 스물여덟 살의 나이로 일생을 마쳤는데, 정빈 이씨는 아들 효장세자가 진종으로 추존이 되자 연우궁이라는 궁호를 얻었습니다.

영빈 이씨

사도세자의 생모인 영빈 이씨는 5명의 옹주와 사도세자가 되는 원자를 출산하였습니다. 후일 영빈 이씨가 사망했을 때 영조는 후궁 제일의 의식으로 장례를 지냈으며, 이듬해 시호(諡號)를 내릴 때는 그 의식을 친히 집행했다고 합니다.

순헌황귀비 엄씨(1854~1911)

명성왕후의 측근 상궁이었으며 고종에게 승은을 입자 명성황후에 의해 궁밖으로 쫓겨났다가, 을미사변 후 재 입궁하게 됩니다. 영친왕을 낳았고 귀인, 순빈에 이어 황귀비의 지위까지 오르게됩니다.
또한 귀비 엄씨는 양정의숙, 진명어학교를 설립하였으며, 명신여학교(현 숙명여고)의 설립에도 거액을 기부하는 등 근대 교육 발전에 크게 공헌하였습니다.

조선 시대 **궁궐 사람들의 숨은 이야기** 궁녀와 내시에 관한 이야기

궁녀도 결혼할 수 있었을까?

궁녀는 엄격한 수양과 오랜 기간 교육을 받은 여성이었지만, 평생 왕의 승은을 입을 날만을 손꼽아 기다리며 살아가는 여인들입니다. 즉, 궁녀들은 왕의 여자라고 할 수 있습니다.

어쩌다 궁녀가 병이 나서 위급해지면 죽기 전에 무조건 궁 밖으로 나가야 됩니다. 그 이유는 '왕족 이외에는 대궐 안에서 죽을 수 없다'는 법 때문이었습니다. 그러나 매우 드물기는 하지만 《경국대전》에 의하면 궁녀도 결혼을 할 수 있는 기회가 있었습니다.

물론 왕의 허락을 받아야 가능했지만, 일단 궁녀를 아내로 맞이하고자 하는 사람은 먼저 곤장 백 대를 맞아야 했습니다.

실제로 관가에서 죄인을 때리듯이 세게 때린다면 곤장 백 대를 맞고 살아남기는 힘들지만 왕의 여자를 넘본 죄를 다스린다는 상징적인 의미로 곤장을 약하게 때렸다고 합니다.

그러나 이런 일은 매우 드문 일이었고, 대부분의 궁녀들은 평생을 외로움 속에서 결혼을 하지 못한 채 살아야 했습니다.

1904년 갑오개혁 뒤에 궁중 재정을 합리화한다는 명분 아래 궁녀의 수를 조금씩 줄여나갔습니다. 그 후, 일제 통감 정치 시절에는 궁녀의 수를 3분의 1로 줄여 200여 명이 창덕궁과 덕수궁에 나뉘어 생활했습니다.

궁녀가 일단 궁궐에 들어가면 살아서는 절대로 궁궐 밖으로는 나가 생활할 수 없었지만, 예외적으로 궁궐 밖으로 나가서 생활하는 경우도 있었습니다.

예를 들어 자신이 모시던 왕이 승하하면 1년 동안 아침 저녁으로 음식을 올리며 3년 후 대상을 치른 다음, 죽은 왕의 신주를 종묘나 사당에 모신 후에 상복을 벗고 본래의 자기 집으로 돌아갈 수 있었습니다.

그러나 궁 밖으로 나간다 해도 결혼을 할 수도 없어 평생토록 홀몸으로 수절해야 했습니다.

태종 때에는 정승 조영무가 관음이라는 출궁한 궁녀를 첩으로 삼았다가 사헌부의 탄핵을 받기도 했습니다.

궁녀가 궁궐 안에 있을 때 비록 왕의 승은을 입지 못했더라도 두 사람의 남편을 섬기지 않는다는 유교 교리에 따라 정절을 지키며 살아야 했습니다.

그래서 퇴출 궁녀들은 대부분 남편이나 자식이 없기 때문에 늙은 후에는 형제나 친척들에게 얹혀 살다가 죽었습니다.

서울 은평구 갈현동의 궁말은 궁녀가 모여 산 마을이라고 해서 붙여진 이름입니다.

궁궐에서 나온 궁녀들은 이렇게 마을에 모여 살기도 했고, 절에 들어가 만년의 쓸쓸함을 달래기도 했습니다. 그 반면에 대담한 변신을 시도한 퇴출 궁녀도 있었습니다.

1904년 망해가는 조국, 조선을 등지고 멕시코로 이민을 가는 배 안의 짐짝에서

살려 달라고 소리치는 여자의 목소리가 들렸습니다. 선원들이 달려가서 커다란 짐 궤짝을 열어보니, 그 속에는 한 여자가 있었습니다.

그 여인은 출발지인 지금의 인천인 제물포에서 몰래 짐 속에 숨어 있었던 것입니다.

선원들이 밀항자이기 때문에 돌려보내야 한다고 하자, 자신을 데리고 가지 않으면 당장 죽어버리겠다며 위협하였습니다. 선원들은 어쩔 수 없이 항해 중에 죽은 이민자를 대신해서 멕시코로 데려갔습니다. 결국 그녀는 멕시코 유카탄 이민촌에 입촌할 수 있었습니다.

이 여인이 바로 1900년대 초 창덕궁에서 퇴출 당한 궁녀였습니다. 이 궁녀는 왕실이나 왕가 그리고 정승판서 집에 초상이 나면 초상집에서 상주 대신 울어 주던 곡비였습니다.

조선 말 궁녀들이 궁궐 밖으로 쫓겨나면서 소주방 등에서 일하던 궁녀들은 몰래 숨어서 술집을 차리기도 했습니다.

궁녀가 무더기로 쫓겨나던 무렵, 남아 있던 궁녀들은 신식 학문을 배우지 않으면 변화된 궁궐 생활을 할 수 없었습니다. 결국 궁궐에 남은 소수의 궁녀는 숙명여학교에 입학하여 새로운 지식을 배우기도 했습니다.

칠궁

　청와대 서남쪽(지금의 궁정동)에 자리잡은 '칠궁(七宮)'은 조선 시대에 왕을 낳은 후궁들의 위패를 모신 곳입니다.

　경종 4년(1724) 영조가 최숙빈을 추념하여 사당을 짓고 봉사한 육상궁(毓祥宮)이 있던 곳이었으나, 그 후 여러 곳에 흩어져 있던 다섯 사당을 옮겨 육궁(六宮)이라 하였고, 순비 엄씨(淳妃嚴氏)의 사당을 옮겨 칠궁이라 하였습니다.

　이곳은 영조의 생모인 숙빈 최씨의 신위를 모신 육상궁, 저경궁(선조의 후궁 인빈 김씨), 대빈궁(숙종의 후궁 희빈 장씨), 연호궁(영조의 후궁 정빈 이씨), 선희궁(영조의 후궁 영빈 이씨), 경우궁(정조의 후궁 수빈 박씨), 덕안궁(고종의 후궁 엄씨) 등 7개 사당으로 이루어져 있습니다.

　사적 제149호로 지정되어 있으며, 청와대 경호 문제로 오랫동안 출입이 금지되기도 했지만 지금은 일반인도 관람을 할 수 있습니다.

칠궁

조선 시대 **궁궐 사람들의 숨은 이야기** — 궁녀와 내시에 관한 *이야기*

궁녀와 당고개에 얽힌 사연

서울 노원구에 있는 당고개는 수락산과 불암산 골짜기에 위치하고 있으며 옛날에는 험준한 산골이어서 야생동물들이 자주 나타났습니다. 그래서 사람의 왕래가 거의 없었던 고개였습니다.

이 고개를 넘는 사람들은 자신의 몸을 보호하기 위하여 양손에 돌을 들고 고개를 넘게 되었고, 고개를 무사히 넘고 나면 돌을 한 곳에 던져 놓았습니다.

그러자 하나 둘 자연스럽게 쌓인 돌들이 커다란 돌무덤이 되었습니다.

그로 인해 이곳은 무속 신앙을 모시는 성황당이 되었으며, 매년 1월 15일 큰 소나무에 금줄을 치고 오색 천을 두른 후 제사를 지냈습니다.

영조 38년 영조가 아들인 사도세자를 뒤주에 가둬 굶어 죽게 한 사건이 일어났습니다. 그 당시 생전의 사도세자를 모시던 이씨라는 궁녀가 있었습니다.

일곱 살에 궁녀가 된 이래 40여 년을 궁에서 지내며, 오로지 사도세자를 섬겨온 그녀에게 사도세자의 비통한 죽음은 너무나 큰 충격이었습니다.

그녀는 식음을 전폐하다가 끝내 자리에 눕고 말았는데, 다시 살아날 기미가 전혀 보이지 않았습니다.

이때, 그녀를 불쌍하게 생각한 내의원 소속의 한 의원이 그녀가 죽었다고 거짓으로 알린 뒤 궁궐 밖으로 궁녀를 내 보냈습니다.

그 뒤, 지금의 서울 노원에 있는 의원 집에서 극진히 보살펴 주었습니다.

정성스런 치료를 받은 궁녀 이씨는 몸이 회복되었고, 자기를 살려준 은혜에 보답하기 위해 의원의 조카 남매를 수양 아들과 딸로 삼았습니다.

어린 남매는 또한 효성이 지극하여 수양 어머니인 이씨를 극진히 공경하였습니다. 그런데 한 동네에 살던 어떤 사람이 이들의 관계와 이씨가 궁녀였다는 것을 알고 괴롭히기 시작하였습니다.

어느 날, 늦게까지 일하고 집으로 돌아오는 이씨를 고개 밑에서 기다리던 그 사람이 그녀를 범하려고 하였습니다. 이때, 어디선가 사도세자가 나타나 궁녀 이씨를 구해 주었지만, 너무 놀란 이씨는 이내 기절하고 말았습니다.

이튿날 동네 사람들과 함께 어머니를 찾아 나섰던 남매가 고개마루에서 쓰러져 있는 이씨를 발견했는데, 놀랍게도 돌로 만든 미륵불이 그녀를 안고 있는 것이었습니다.

이 후, 동네 사람들은 미륵불이 이씨를 구했다 하여, 고개에 미륵당을 세우고 해마다 제사를 지냈습니다.

세월이 흘러 이씨가 세상을 떠나자, 남매는 무덤 옆에 움막을 짓고 3년 동안 이씨의 죽음을 슬퍼하며 살았습니다.

친부모 이상의 효성으로 극진히 이씨를 받들던 남매를 위하여 나라에서는 상을 내렸고, 효자 정문도 세워졌습니다.

그러나 고종 때 경복궁 중건 공사를 하면서 효자 정문을 헐어 버려 터만 남게 되었고, 궁녀 이씨와 남매의 이야기만 전해 내려오고 있습니다.

왕이 죽으면 후궁들은 어디에서 사나요

왕을 모시던 후궁들은 왕이 죽으면 궐 밖에 나가 생활하는 것이 원칙이었습니다.

그러나 자신이 낳은 아들이 왕이 되거나 대비의 허락을 받았을 경우에는 궁에서 살 수 있었습니다.

자녀가 있는 후궁들의 경우에는 장성한 자식들과 함께 궐 밖에서 살 수 있었으나, 자식이 없는 후궁들은 대개 여승(비구니)이 되어, 수절을 하면서 죽은 왕의 명복을 빌었습니다.

왕실 비구니원으로는 정업원(인수원), 자수원이 있었는데 유생들의 요구에 몇 차례의 직폐를 겪다가 현종 2년 철폐되었습니다.

극락왕생 하소서!

조선 시대 **궁궐 사람들의 숨은 이야기**   궁녀와 내시에 관한 이야기

어떤 사람이 내시가 될까?

내시는 가난한 집에서 부모가 어린 자식 덕을 보기 위해 궁궐에 들여 보내는 경우와 출세할 수 있다는 생각에 스스로 궁궐로 들어가는 경우 등이 있습니다.

내시가 되기 위해서는 거세를 해야만 했으며, 거세를 하는 방법에는 두 가지가 있습니다.

하나는 남자의 생식기를 자르는 것입니다. 옛날에는 의학기술이 발달하지 않아 정성껏 수술을 해도 절반 정도는 죽는 아주 위험한 방법이었습니다.

또 다른 하나는 남자의 고환을 없애는 방법으로, 고환을 없애면 아이를 낳을 수 없기 때문에 거세된 것이나 다름없었습니다.

그러나 내시들은 자식은 얻지 못해도 여러 부인을 거느리기도 하였고, 대를 잇기 위해 양자를 들이기도 했습니다.

대궐 안에서 내시들만 생활하는 공간을 내반원이라고 하였습니다. 이곳은 왕이 업무를 보던 장소와 아주 가까운 거리에 위치하고 있었습니다. 왜냐 하면 항상 왕

의 주변에서 일어나는 사소한 일들을 좀더 효과적으로 돕기 위해서입니다.

궁궐 안에 있는 내반원은 내시부의 파견처인 셈인데, 내시들 중 가장 핵심 인물들이 근무하던 곳입니다.

내시들의 근무 방법은 크게 장번과 출입번으로 나눌 수 있는데, 번이란 교대로 근무하는 것을 의미합니다.

장번은 오랜 기간 왕을 가까이에서 모시는 사람들로 모든 내시들에게 주어지는 것은 아닙니다. 장번은 왕과 세자궁에만 제한되어 있었으므로 다른 내시들에 비해 승진이나 권력을 잡을 수 있는 기회가 많았습니다.

장번내시는 내시부의 핵심 요직에 해당하는데, 흔히 왕이 있는 대전이나 내전 등을 지키지만, 대궐 안에서만 사는 것이 아니고 대궐 밖에 집을 두고 살림을 하였습니다.

보통 이들을 내시 또는 환관이라고도 하는데, 내시는 정식 관직명입니다. 반면 환관은 고려 시대 이후 궁중에서 잡일을 담당

하는 남자와 타고날 때부터 자식을 낳을 수 없는 고자인 사람을 통틀어 부르는 말입니다.

내시들이 권세를 부리고 부자로 인식된 것은 고려 때부터입니다. 조선 시대에 들어와서는 내시들의 횡포를 방지하기 위해 그들의 정치 참여를 엄격히 금했습니다.

내시의 벼슬은 원칙적으로는 종2품까지 오를 수 있게 되어 있지만, 종3품 이상으로 진급할 경우에는 왕의 특명이 있어야 했기 때문에 사실상 하급직에 머무르는 경우가 대부분이었습니다.

대를 잇기 위해서 보통 사람들은 양자를 얻을 때 같은 성씨의 아들을 얻는데, 내시들은 다른 성을 가진 사람도 양자가 될 수 있도록 특별한 혜택을 베풀어 주기도 하였습니다.

궁궐 밖에서 내시를 보기는 쉽지 않았지만, 궁궐 밖 화자동에는 내시들의 개인집들이 밀집해 있었습니다.

지금의 효자동을 그 당시에는 화자동이라고 불렀는데, 화자는 내시가 되기 위한 젊은 남자를 말하며, 화자동은 내시들이 대궐 밖에서 살림을 하며 모여 사는 동네를 말합니다.

내시가 공식적으로 우리나라에서 사라진 것은 1908년으로, 일제가 대한제국의 모든 관의 명칭을 없애면서 내시부도 자연적으로 폐지되고 말았습니다.

그 밖의 내시 마을

과천을 지나 인덕원이라는 곳이 있습니다.

이 마을은 조선 시대에 내시들이 살던 곳이라고 합니다.

내시들은 궁중을 출입하며 임금님과 가까이 있는 신분으로 높은 관직을 갖기도 했습니다. 그래서 그 신분에 어울리게 남에게 어진 덕을 베푸는 사람이 사는 곳이라 칭했다가 나중에 공무로 여행하는 이들의 숙소인 원을 이곳에 두게 되어 인덕원이라고 부르게 되었습니다.

그러나 이 원은 임진왜란 전에 없어졌습니다.

또, 창덕궁 돌담 옆으로 봉익동이 있는데 이곳도 조선 시대 내시들이 모여 살던 곳이랍니다.

왕의 날개에 숨어서 여러 권세를 누리고 살았기에 봉익동이라는 이름이 붙여졌다고 합니다.

조선 시대 **궁궐 사람들의 숨은 이야기** 궁녀와 내시에 관한 이야기

내시 제도는 언제 생겨났을까?

내시 제도의 시초를 살펴보면 이미 3천 년 전에 중국에서는 환관, 내시가 있었습니다. 우리나라의 내시 제도는 삼국 시대로 거슬러 올라가 신라 흥덕왕 때 환관, 내시가 등장하는 것으로 보아, 이때 처음 생겨난 것으로 추측됩니다.

그 후 고려 시대의 내시는 장원 급제자 중에서 최고의 능력을 가진 사람들이 많이 뽑혔는데, 삼국사기를 쓴 김부식의 아들 김돈중과 사립 대학의 창시자 최충의 손자인 최사추, 주자학을 처음 도입한 안향 등도 내시 출신입니다.

사실 내시와 환관은 별개의 이름이었습니다. 그러던 것이 원나라 때 환관의 역할이 뚜렷하게 나타나면서 종전에 내시가 가지고 있던 권한을 고려 시대에 환관들이 차지하게 되고 이것이 조선 시대까지 이어졌습니다.

고려 의종을 키운 유모를 부인으로 맞이한 덕에 내시가 된 정함을 시작으로 수많은 환관들이 내시직에 진출하게 되었습니다.

환관에서 일약 내시직으로 올라섰던 이들의 횡포는 극심했는데, 의종 때 환관 정

함은 행랑채가 200여 개가 되는 큰집에 살면서 사치를 부렸고, 백선연이라는 환관은 권력을 이용해서 갖은 횡포를 부렸다고 합니다.

심지어 고려 말에는 환관들이 최고의 권세를 누리면서 힘이 강해져 결국 최만생 같은 사람은 자기들이 모셨던 공민왕을 살해하는 엄청난 사건을 일으키기도 했습니다.

조선 시대로 접어들면서 《경국대전》에 내시의 임무를 규정해 놓고 그들이 맡은 임무를 엄격히 제한했는데,

그것은 고려 때의 잘못된 선례를 거울삼아 환관의 폐해를 더 이상 되풀이하지 않기 위해서였습니다.

그들은 왕을 가장 가까이에서 모셨기 때문에 왕명을 전달하기도 하고 궁중의 궁녀들을 관리하기도 해서 규정이 엄하고 까다롭기는 하였지만, 여전히 막강한 힘을 가지고 영향력을 행사하였습니다. 특히 나라가 어지러울 때일수록 내시들의 힘은 대단하였습니다. 내시들은 궁궐의 정보를 독점할 수 있었기 때문에 정치적 혼란기에는 이들이 갖고 있는 정보가 큰 힘을 발휘하기도 했습니다.

또한 내시들은 왕실의 재산 관리나 궁중의 각종 공사 등을 관리하는 일을 했기 때문에 부정한 방법으로 개인적인 돈을 긁어 모을 수가 있었습니다.

내시들이 주로 하는 일은 궁궐 안에서 만들어지는 음식 전반에 대한 감독을 하며, 왕명을 전달하는 일을 합니다. 또 궁중의 문을 지키는 일을 하기도 하며, 궁궐 내의 청소를 맡아 하였습니다.

특히 내시는 왕명을 받고 전달하는 과정에서 많은 문제를 일으키기도 했습니다. 대체로 왕명은 승정원에서 출납을 맡았습니다. 그러나 각 부서에서 보고 문서가 올라오면 승정원에 모이게 되고, 이렇게 모인 상소문 등은 승정원에서 왕의 손에 전달될 때까지의 일은 주로 내시들이 맡았습니다.

내시들은 이러한 문서를 전달할 뿐만 아니라, 왕의 명령을 문서에 옮겨 적기도 하고 또 그것을 승정원으로 전달하는 임무도 맡았습니다. 그래서 때로는 내시들이 왕명을 엉뚱하게 변조하기도 하고 왜곡해서 전달하는 경우도 있었습니다.

내시의 품계와 규모

내시의 관직은 종2품 상선에서 종9품 상원까지 두었습니다.

왕실에 각각 배치되어 직무를 분담받아 왕실을 보필했으며, 궁녀들과 다른 점이 있다면 그날의 당번을 제외하고는 출퇴근을 했다는 점입니다.

내시부의 정원은 140여 명 정도로 일부 군대를 제외하고는 가장 많은 인원이었습니다. 병조나 이조 같은 육부에서도 정규 관원이 100명 내외였으므로 140명 정도의 인원이 있던 내시부는 대단히 큰 규모였습니다.

조선 시대 **궁궐 사람들의 숨은 이야기** 궁녀와 내시에 관한 이야기

막강한 권력을 가졌던 내시

내시로서 가장 악독하고 자기 마음대로 왕명을 이용한 대표적 인물이 바로 연산군 때 김자원이라는 내시입니다. 그는 내시로서 할 수 있는 모든 악한 행동을 스스럼없이 행한 전형적인 사람이었습니다.

그는 온갖 행패를 부리며 왕명이라고 속여서 못된 행동을 일삼았습니다. 그가 승정원으로 출입을 할 때는 모든 승지가 머리를 숙여야 했고, 신하들은 그를 통하지 않고는 왕을 찾아 뵐 수 없을 정도로 김자원은 막강한 권력을 행사했습니다.

내시 김자원이 행차하는 곳이면 아무리 양반이라 하더라도 말에서 내려야 했습니다. 김자원이 이렇게 행세할 수 있었던 것은 당시의 절대 권력자였던 연산군이 김자원을 두둔하며, 전적으로 일을 맡겼기 때문입니다.

연산군은 수족처럼 따르는 김자원 같은 내시를 앞세워 자신의 뜻을 관철시켰으며, 김자원은 그것을 최대한으로 이용했습니다.

왕이 가장 믿을 수 있고 양반 관료들과 대립 관계로 맞설 수 있는 사람들이 바로

내시였습니다. 하지만 양반들은 내시들이 높은 지위에 있다 하여도 천한 노비처럼 무시하였습니다.

이런 이유로 왕은 자기의 심복이면서 양반 관료들과 대립할 수 있는 내시들을 여러 가지로 이용했습니다. 내시들에게 양반들의 부정 부패를 들춰내고 정보를 캐내게 했습니다. 또 왕이 양반들에게 직접 이야기하기 어려운 내용은 내시를 시켜 악역을 담당하게 하기도 하였습니다.

왕은 그 대가로 내시들의 지위와 신분을 높여 주고 위치를 강화시켜 주기도 하였습니다.

왕과 가까이 있으면서 궁궐 내의 모든 정보를 독점할 수 있었던 내시들은 심지어 왕과 신하들의 관계를 악용해, 때로는 나라의 기본 질서를 깨뜨리는 상황으로까지 몰고 가기도 했습니다.

조선의 관리들은 언제가 공휴일이었나요?

조선 시대 관리들은 봄, 여름에는 12시간(오전6시-오후6시), 가을, 겨울에는 8시간(오전8시-오후4시)씩 근무했습니다.

그리고 설날, 대보름, 단오, 추석과 같은 명절을 비롯하여 동지, 하지, 춘분, 추분 등을 포함하여 20일 정도를 쉬었습니다.

이 외에도 왕과 왕비, 왕세자의 생일에도 쉬었다고 합니다.

또 무단 결근을 하면 곤장 열 대의 벌을 받았으며, 이것은 명나라의 법률인 '대명률'에 따른 것입니다.

그러나 이런 엄한 벌칙에도 불구하고 잦은 결근이나 지각 등 근무 기강 문란은 조선 시대 내내 문제가 되었습니다.

그로 인해 성종 때에는 근무 기강 문란에 대한 처벌을 더 가중하여 결근을 자주 할 경우 파면할 것을 명하는 기록이 조선왕조실록에 실려 있습니다.

조선시대 궁궐 사람들의 숨은 이야기 — 궁녀와 내시에 관한 이야기

목숨을 바쳐 왕을 모셨던 내시

선조 때의 김계한이라는 내시는 임진왜란 때 목숨을 걸고 임금을 지킨 내시입니다.

임진왜란 후에 왕이 그 공로를 인정해 공신에 봉하려고 하자, 이를 반대하는 대신들과 양반들의 상소가 끊이지 않았습니다. 그 이유는 내시에게 그처럼 대단한 명예를 줄 수 없다는 것이었습니다.

내시는 이처럼 분명한 공을 세웠는데도 조정의 관료들에 의해서 철저하게 무시되었습니다.

내시와 관련된 정사나 야사의 기록에는 내시들을 비하하는 표현을 많이 찾아볼 수 있습니다. 나아가 분란을 일으킨 내시들의 행적도 많이 기록되어 있습니다. 그러나 반대로 목숨을 걸고 왕을 보필한 내시도 있었습니다.

누구도 연산군의 횡포를 두려워해서 말을 못하고 눈치만 살피고 있을 때, 김처선이라는 내시는 왕에게 체통을 지키고 백성들을 살리는 바른 정치를 해야 한다고

직언을 했습니다.

패륜을 일삼는 연산군이 궁중에서 처용놀이를 하며 음란하게 놀고 있는 모습을 매일 보아온 그가 하루는 집안 식구들에게 다음과 같은 유언을 남겼습니다.

"오늘이 바로 내가 죽는 날이구나. 나라를 위하여 왕에게 바른 길을 가라고 직언하다가 죽는 것은 내시로서 마땅히 해야 할 일이니, 집안의 영광으로 생각하고 너무 슬퍼하지 말아라."

그 길로 김처선은 연산군 앞에 나아가 죽음을 무릅쓰고 왕의 잘못을 말하였습니다.

"늙은 몸으로 여섯 임금을 모셨으나, 상감 같이 해괴하게 정치를 하신 분은 일찍이 없었습니다."

김처선의 말을 들은 연산군은 화가 치밀어 취한 상태로 활을 가져오게 해서 그의 가슴을 향하여 화살을 쏘았습니다. 화살을 맞은 김처선은 계속해서 말했습니다.

"조선의 대신들은 죽음을 두려워하지 않고 잘못하고 있는 상감에게 직언을 하는데 언제 죽을지 모르는 늙은 내시가 어찌 죽음 같은 것을 두려워하겠습니까? 다만 상감께서 오랫동안 왕위에 앉아 있지 못할 것 같아 안타까워서 드리는 말씀입니다."

김처선은 피를 토하며 연산군을 바라보고 말하였습니다.

이 말을 들은 연산군은 화가 머리끝까지 치밀어 올라 옆에 있는 대검을 뽑아 김처선의 왼쪽 다리를 잘라 버렸습니다.

"처선 이놈아, 할 말이 있으면 똑바로 걸어와서 다시 말해 보아라!"

그러자 김처선이 말했습니다.

"상감은 다리를 잘리고서도 걸을 수가 있습니까?"

더욱 화가 난 연산군은 김처선의 혀를 뽑아 버리고 창자를 갈라 동물의 먹이로 주라고 명하였습니다. 그리고 그의 양자와 7촌까지도 모두 처형하고 집안을 몰락시킨 후 모든 백성들에게 처선이라는 두 글자 자체를 사용하지 못하도록 엄명을 내리기도 하였습니다.

그런 직언을 했던 김처선은 연산군 시대에 같은 내시직에 있었던 김자원과는 달리 자기 직분에 충실한 내시였습니다. 김처선은 왕에게 직언을 했다고 하여 너무도 가혹한 참사를 당했지만 충신으로서 기억될 것입니다.

옥으로 신하의 마음을 읽어내는 내시

여러 대에 걸쳐 왕을 모셨던 이재우라는 내시는 대전으로 들어오는 관리들을 살펴보는 것이 임무 중 하나였습니다.

이재우는 상대가 눈치채지 못하게 이들이 머리에 쓴 망건에 달린 옥관자를 자세히 살폈습니다. 옥의 색깔을 보고 왕에게 간곡하게 말하는 신하의 마음을 미리 파악하기 위해서입니다. 이런 행동은 지밀내시들 사이에서는 오래 전부터 내려오는 비밀스런 행동이었습니다.

실제로 옥관자를 살펴보면 그 색깔이 사람들의 마음에 따라 다르게 나타난다고 합니다. 즉 옥관자의 색깔이 흐린 사람은 마음 속에 음흉한 생각을 품고 있다는 것을 오랜 경험에 의해서 이미 알고 있었던 것입니다.

옥관자의 색깔을 미리 살펴서 불의의 사건을 사전에 대비하려는 뜻도 숨어 있었습니다.

조선왕조 가계도

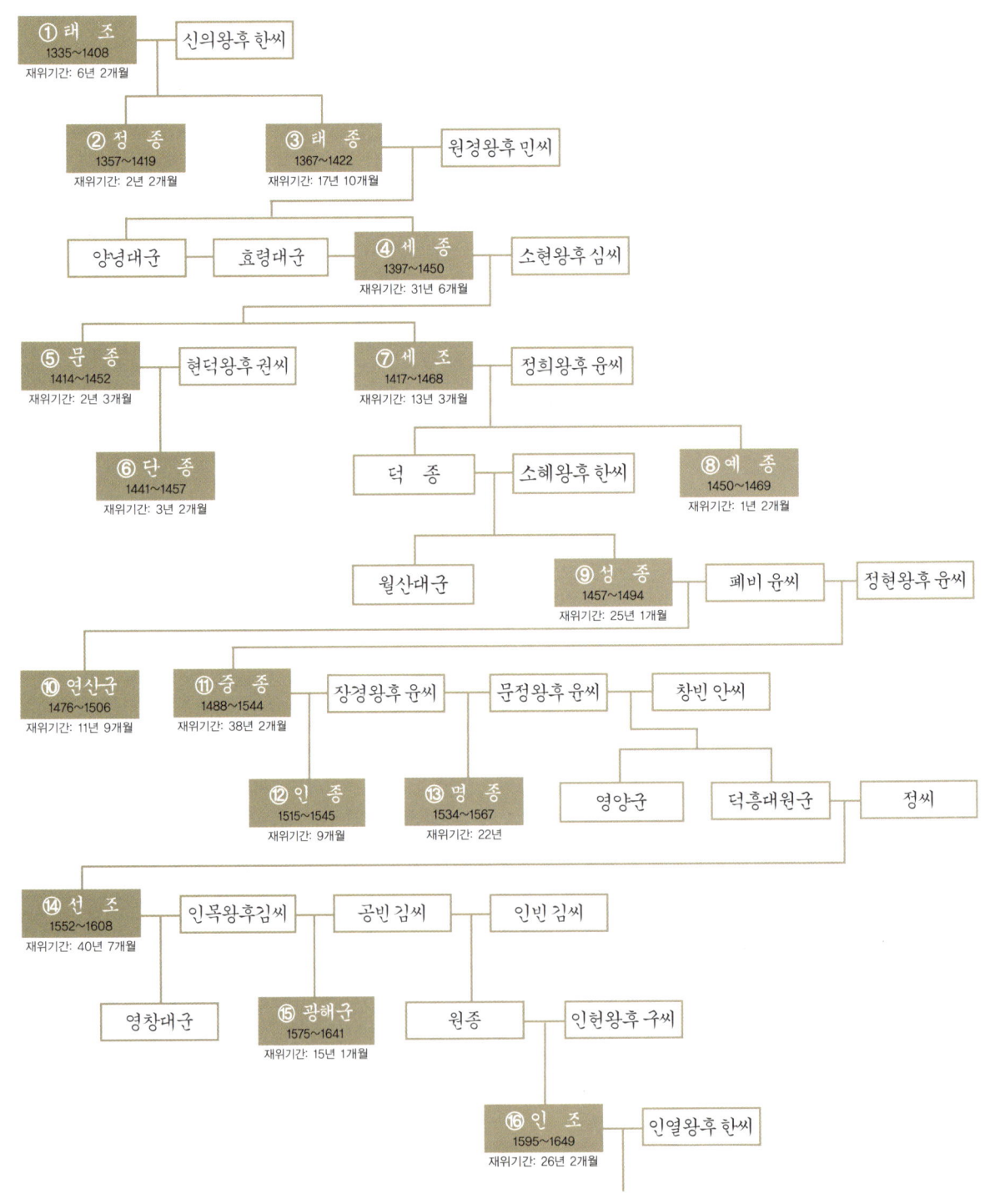

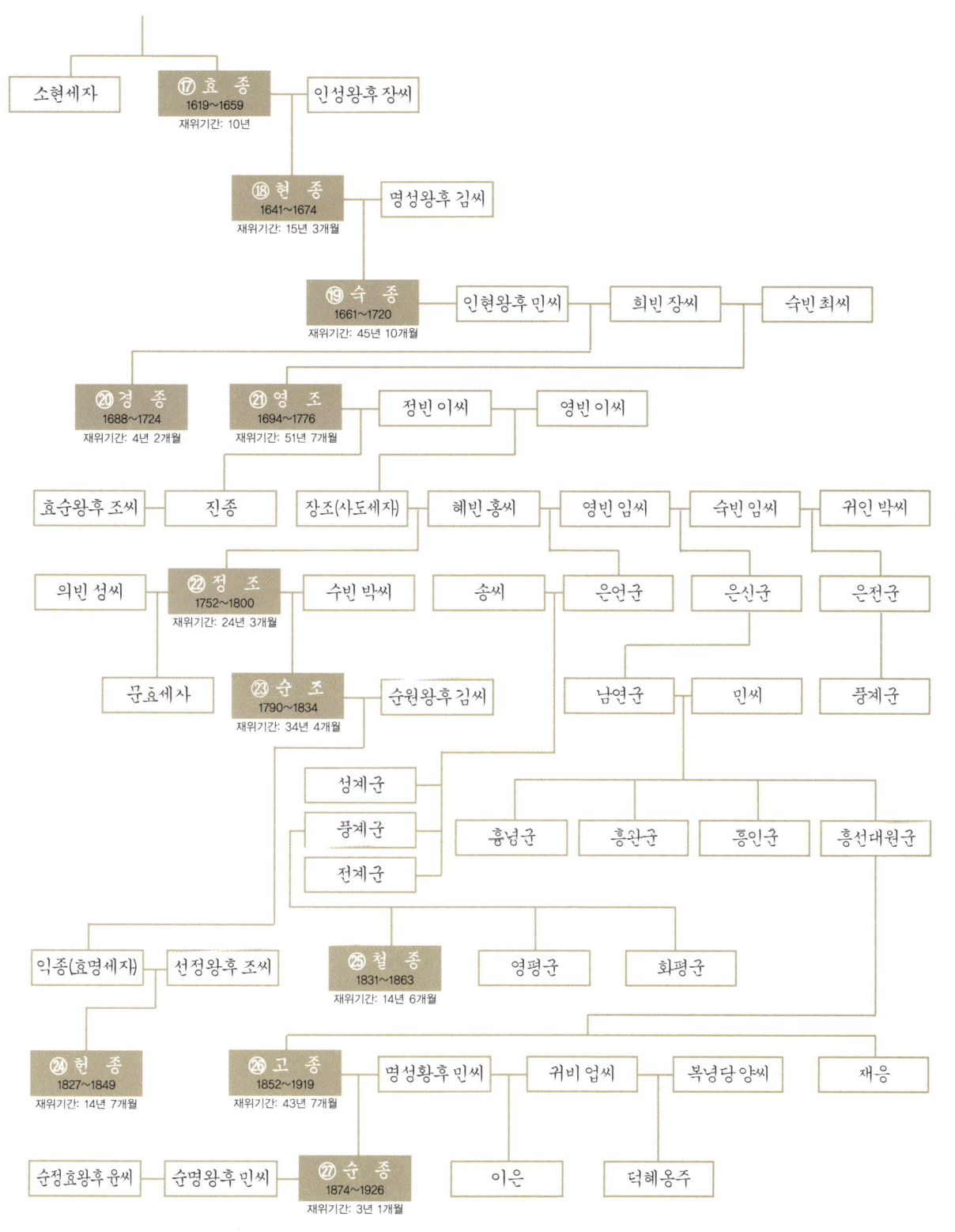